NAJLEPSZA KSIĄŻKA KUCHENNA HABANERO

Urozmaicaj swoje kulinarne przygody 100 ognistymi przepisami

Filip Szewczyk

Prawa autorskie ©2024

Wszelkie prawa zastrzeżone

Żadna część tej książki nie może być wykorzystywana ani rozpowszechniana w jakiejkolwiek formie i w jakikolwiek sposób bez odpowiedniej pisemnej zgody wydawcy i właściciela praw autorskich, z wyjątkiem krótkich cytatów użytych w recenzji. Niniejsza książka nie powinna być traktowana jako substytut porady lekarskiej, prawnej lub innej porady zawodowej.

SPIS TREŚCI

SPIS TREŚCI 3
WSTĘP 6
SOSY HABANERO 8
   1. Ostry sos bahamski Habanero 9
   2. Ostry Sos Papaja-Habanero z Pasją 11
   3. Ostry sos Habanero w stylu El Yucateco 13
   4. Ostry sos Habanero w stylu El Yucateco 15
   5. Ostry sos Habanero po belizejsku 17
   6. Salsa Habanero, Pomidorów i Pomarańczy 19
   7. Gorący sos z roztopionej lawy 21
   8. Sos Habanero z Jukatanu 23
   9. Sos Mango Habanero 25
   10. Salsa Habanero Brzoskwiniowo-Śliwkowa 27
   11. Sos czosnkowy Habanero 29
   12. Wędzony Sos Habanero 31
   13. Sos Habanero po karaibsku 33
   14. Słodki Sos BBQ Habanero 35
   15. Sos Winno-Habanero 37
   16. Sos Rumowy Habanero 39
   17. Meksykański ostry sos Habanero 41
   18. Ostry sos rezerwowy w stylu El Yucateco z czarną etykietą 43
   19. Ostry Sos Barbados 45
   20. Kreolski ostry sos paprykowy 47
   21. Ostry sos owocowy 49
   22. Ostry sos wulkaniczny 51
   23. Ají Picante 53

HABANERO RUBS **55**
   24. Macnamee's BBQ Rub 56
   25. Przyprawa Mocandra 58
   26. Przyprawa do steków Nagasaki 60
   27. Przyprawa Brundage 62
   28. Klasyczny Habanero Rub 64
   29. Słodko-pikantny Habanero Rub 66
   30. Cytrusowy Habanero Rub 68
   31. Dymny Habanero Rub 70
   32. Miód Habanero Rub 72
   33. Ananas-Habanero Rub 74
   34. Mango-Habanero Rub 76
   35. Kawa-Habanero Rub 78

ŚNIADANIE **80**

36. Burrito śniadaniowe Habanero 81
37. Tost z awokado Habanero 83
38. Hash śniadaniowy Habanero 85
39. Quesadillas śniadaniowe Habanero 87
40. Pikantne śniadaniowe paszteciki z kiełbaskami Habanero 89
41. Patelnia śniadaniowa Habanero 91
42. Habanero Mango Diabelskie Jajka 93
43. Frittata z Czarną Fasolą 95

PRZEKĄSKI I PRZYSTAWKI 97

44. Puszyste kulki Akara 98
45. Karaibskie placuszki ananasowe 100
46. Karaibskie pikantne ceviche 102
47. Ostryga i Habanero Ceviche 105
48. Jalapeno Churros z Dipem Habanero Mango 107
49. Kalafior i Jalapeño En Escabeche 110
50. Aguachile Rojo 112
51. Ryba z Puerto i krewetki Ceviche Tostadas 115
52. Salsa Habanero Mango 118
53. Habanero Poppersy Jalapeño Zawijane w Boczek 120
54. Grzyby Nadziewane Serem Habanero 122
55. Skrzydełka z Kurczaka w Miodzie Habanero 124

DANIE GŁÓWNE 126

56. Kurczak w glazurze Habanero 127
57. Pikantne Tacos z krewetkami Habanero 129
58. Smażona wołowina Habanero 131
59. Lasagne Habanero 133
60. Cilantrito (Cilantro Burrito) 136
61. Grillowane warzywa z dipem pipián 138
62. Żeberka z grilla Habanero 141
63. Habanero Mac i Ser 143
64. Smażona wieprzowina Habanero 145
65. Habanero Veggie Fajitas 147

DESER 149

66. Pikantne kanapki z lodami Mango Habanero 150
67. Habanero i Colby Jack Flan 152
68. Ciastka Habanero Limonkowe z Kremem Kokosowym i Ananasem 154
69. Trufle czekoladowe Habanero 157
70. Sorbet Ananasowy Habanero 159
71. Ciasteczka z kawałkami czekolady Habanero 161
72. Odwrócone ciasto ananasowe Habanero 163
73. Mus czekoladowy Habanero 166
74. Lody Habanero Mango 168
75. Batoniki Habanero z limonką 170

PRZYPRAWY ... 172
- 76. Miód Habanero ... 173
- 77. Salsa z mchu morskiego Habanero ... 175
- 78. Marmolada Ananasowo-Habanero ... 177
- 79. Marmolada imbirowo-grejpfrutowa Habanero ... 179
- 80. Marmolada Mango Habanero ... 181
- 81. Marmolada Malinowa Habanero Miętowa ... 183
- 82. Salsa De Piña Tatemada ... 185
- 83. Ogórki kiszone imbirowo-habanero ... 187
- 84. Salsa Habanero Mango ... 189
- 85. Habanero Aioli ... 191
- 86. Dżem Habanero ... 193
- 87. Masło Czosnkowe Habanero ... 195
- 88. Chutney Ananasowy Habanero ... 197
- 89. Habanero Cilantro Dressing Limonkowy ... 199
- 90. Habanero Mango Chutney ... 201

NAPOJE ... 203
- 91. Toddies z rumem Habanero ... 204
- 92. Gorąca czekolada Toblerone ... 206
- 93. Habanero Mango Margarita ... 208
- 94. Pikantny Ananas Habanero Mojito ... 210
- 95. Habanero Lodówka do Arbuza ... 212
- 96. Lemoniada Habanero ... 214
- 97. Habanero Mango Mojito ... 216
- 98. Pikantny Habanero Michelada ... 218
- 99. Wódka Czosnkowo-Habanero ... 220
- 100. Pikantny koktajl z ananasa i rukoli ... 222

WNIOSEK ... 224

WSTĘP

Witamy w „NAJLEPSZA KSIĄŻKA KUCHENNA HABANERO", Twoim przewodniku po nasycaniu kulinarnych kreacji ognistymi smakami jednej z najostrzejszych papryczek na świecie. Habaneros, znane z intensywnego ciepła i owocowych nut, są podstawą kuchni na całym świecie, dodając głębi i ekscytacji potrawom od łagodnych po dzikie. W tym obszernym podręczniku zbadamy wszechstronność habaneros i uwolnimy ich pełny potencjał w 100 skwierczących przepisach, które rozpalą Twoje kubki smakowe i wyniosą Twoje gotowanie na nowy poziom.

Podróż przez tę książkę kucharską zabierze Cię w pełną smaku przygodę, od przystawek i przystawek po desery i napoje, prezentując niezwykłą gamę papryczek habanero. Niezależnie od tego, czy jesteś wytrawnym miłośnikiem chili, czy dopiero zaczynasz odkrywać świat pikantnej kuchni, na tych stronach każdy znajdzie coś dla siebie. Przygotuj się na kulinarną eksplorację, która celebruje odważne, odważne i pyszne.

Każdy przepis w tej kolekcji został starannie opracowany, aby zrównoważyć ciepło habanero uzupełniającymi się składnikami, tworząc dania, które są nie tylko pikantne, ale także pełne złożonych smaków. Od klasycznych dań z pikantnymi akcentami po innowacyjne kreacje, które przesuwają granice tradycyjnej kuchni – znajdziesz inspirację na każdą okazję, niezależnie od tego, czy gotujesz dla tłumu, czy po prostu zaspokajasz własne zachcianki.

Ale „NAJLEPSZA KSIĄŻKA KUCHENNA HABANERO" to coś więcej niż tylko zbiór przepisów; to święto kultury, tradycji i tętniącego życiem gobelinu kuchni światowej. Oprócz każdego przepisu znajdziesz wgląd w pochodzenie potrawy, wskazówki dotyczące pozyskiwania i obchodzenia się z papryczką habanero oraz sugestie dotyczące dostosowania przepisu do osobistych preferencji smakowych. Niezależnie od tego, czy pociągają Cię ogniste smaki Karaibów, zadymiony upał Ameryki Łacińskiej, czy odważne przyprawy Azji, znajdziesz inspirację do nasycenia swojej kuchni esencją tych bogatych tradycji kulinarnych.

Niezależnie od tego, czy chcesz dodać ognistego kopa swoim ulubionym potrawom, czy też rozpocząć kulinarną przygodę, która przeniesie Twoje kubki smakowe na cały świat, „NAJLEPSZA KSIĄŻKA KUCHENNA HABANERO" to Twoja przepustka do pikantnego raju. Przygotuj się na urozmaicenie swojego kulinarnego repertuaru i odkryj dreszczyk emocji związany z gotowaniem z papryczką habanero – a wszystko to przy jednoczesnym kuszeniu zmysłów i rozpalaniu pasji do odważnego, aromatycznego jedzenia.

SOSY HABANERO

1. Habanero Bahamski ostry sos

SKŁADNIKI:
- 10 papryczek habanero, usunięte łodygi
- 2 ząbki czosnku
- 1/2 szklanki białego octu
- 2 łyżki soku z limonki
- 1 łyżka musztardy żółtej
- 1 łyżka miodu
- 1/2 łyżeczki soli

INSTRUKCJE:
a) W blenderze lub robocie kuchennym połącz papryczki habanero, czosnek, biały ocet, sok z limonki, żółtą musztardę, miód i sól.
b) Mieszaj, aż będzie gładka.
c) Sos przełożyć do rondla i doprowadzić do wrzenia na średnim ogniu.
d) Gotuj około 10 minut, od czasu do czasu mieszając.
e) Zdejmij z ognia i pozwól sosowi ostygnąć.
f) Po ostygnięciu sos przełożyć do słoika lub szczelnego pojemnika i przechowywać w lodówce.

2.Ostry Sos Papaja-Habanero Z Pasją

SKŁADNIKI:
- 1 dojrzała papaja, obrana i pozbawiona nasion
- 4 papryczki habanero, usunięte łodygi
- 2 ząbki czosnku
- 1/4 szklanki białego octu
- 2 łyżki soku z limonki
- 2 łyżki soku z marakui
- 1 łyżka miodu
- 1 łyżeczka soli

INSTRUKCJE:
a) W blenderze lub robocie kuchennym połącz papaję, papryczkę habanero, czosnek, biały ocet, sok z limonki, sok z marakui, miód i sól.
b) Mieszaj, aż będzie gładka.
c) Sos przełożyć do rondla i doprowadzić do wrzenia na średnim ogniu.
d) Gotuj około 10 minut, od czasu do czasu mieszając.
e) Zdejmij z ognia i pozwól sosowi ostygnąć.
f) Po ostudzeniu sos przełożyć do słoika lub szczelnego pojemnika i przechowywać w lodówce.

3.sos Habanero w stylu El Yucateco

SKŁADNIKI:
- 8 czerwonych papryczek habanero
- 4 ząbki czosnku (posiekane)
- 1/4 szklanki octu destylowanego
- 2 łyżki soli
- 1 łyżka cukru
- 1 łyżka oleju roślinnego

INSTRUKCJE:
a) Usuń łodygi z papryczek habanero i umieść je w blenderze.
b) Do blendera dodaj posiekany czosnek, ocet destylowany, sól, cukier i olej roślinny. Mieszaj, aż będzie gładka.
c) Wlać mieszaninę do rondla i gotować na małym ogniu przez 10-15 minut, od czasu do czasu mieszając.
d) Zostaw sos do całkowitego ostygnięcia, a następnie przelej go do słoika lub butelki. Przechowywać w lodówce.

4. sos El Yucateco w stylu zielonego habanero

SKŁADNIKI:
- 8 zielonych papryczek habanero
- 4 ząbki czosnku (posiekane)
- 1/4 szklanki octu destylowanego
- 2 łyżki soli
- 1 łyżka cukru
- 1 łyżka oleju roślinnego

INSTRUKCJE:

a) Usuń łodygi z papryczek habanero i umieść je w blenderze.
b) Do blendera dodaj posiekany czosnek, ocet destylowany, sól, cukier i olej roślinny. Mieszaj, aż będzie gładka.
c) Przełóż mieszaninę do rondla i gotuj na małym ogniu przez 10-15 minut, od czasu do czasu mieszając.
d) Zanim przelejesz sos do słoika lub butelki, poczekaj, aż całkowicie ostygnie. Przechowywać w lodówce i używać według uznania.

5.Ostry sos Habanero w stylu belizejskim

SKŁADNIKI:
- 10 papryczek habanero (usunąć nasiona i łodygi)
- 4 ząbki czosnku
- 1 średnia cebula, posiekana
- 1 marchewka, posiekana
- 1 szklanka białego octu
- 2 łyżki soku z limonki
- 1 łyżka soli
- 1 łyżka oleju roślinnego
- 1 łyżeczka papryki

INSTRUKCJE:
a) W rondlu podgrzej olej roślinny na średnim ogniu. Dodać posiekaną cebulę, marchewkę i czosnek. Smaż, aż staną się miękkie i pachnące.
b) Dodaj papryczki habanero do rondla i smaż dalej przez kolejne 2-3 minuty.
c) Zdejmij rondelek z ognia i pozostaw mieszaninę do ostygnięcia na kilka minut.
d) Przenieś mieszaninę do blendera lub robota kuchennego. Dodać ocet, sok z limonki, sól i paprykę.
e) Mieszaj mieszaninę, aż uzyskasz gładką konsystencję.
f) Spróbuj ostrego sosu i w razie potrzeby dopraw przyprawami.
g) Gorący sos przelać do słoika lub butelki i pozostawić do całkowitego ostygnięcia.
h) Zakręć słoik lub butelkę i wstaw do lodówki na co najmniej 24 godziny przed użyciem, aby smaki się połączyły.
i) Dobrze wstrząśnij przed użyciem i ciesz się domowym, ostrym sosem habanero w stylu belizeńskim!
j) Należy pamiętać, że papryczki habanero są bardzo ostre, dlatego należy obchodzić się z nimi ostrożnie i pamiętać o założeniu rękawiczek podczas ich używania. Dostosuj ilość papryczek habanero do swojej tolerancji na przyprawy.

6.Salsa Habanero, Pomidorów i Pomarańczy

SKŁADNIKI:
- 4 pomidory, obrane i opłukane
- 2 papryczki habanero, usunięte łodygi i nasiona
- 1 mała czerwona cebula, pokrojona w kostkę
- 1 ząbek czosnku, posiekany
- Sok z 1 pomarańczy
- Sok z 1 limonki
- 1 łyżka oliwy z oliwek
- 1 łyżka posiekanej świeżej kolendry
- Sól dla smaku

INSTRUKCJE:

a) Rozgrzej brojler do wysokiego poziomu. Pomidory ułóż na blasze do pieczenia i piecz przez 5-7 minut, aż lekko się zwęgli i zmiękną.
b) Wyjmij pomidory z piekarnika i pozwól im lekko ostygnąć.
c) W blenderze lub robocie kuchennym połącz pieczone pomidory, papryczki habanero, czerwoną cebulę, czosnek, sok pomarańczowy, sok z limonki, oliwę z oliwek i kolendrę.
d) Mieszaj, aż uzyskasz gładką konsystencję. Jeśli wolisz bardziej chrupiącą salsę, wymieszaj składniki pulsacyjnie, zamiast ciągle je mieszać.
e) Spróbuj salsy i dopraw solą według własnych upodobań. Dostosuj ilość papryczek habanero w zależności od pożądanego poziomu pikanterii.
f) Przełóż salsę do miski i pozostaw ją w temperaturze pokojowej na około 30 minut, aby smaki się połączyły.
g) Podawaj habanero, salsę pomidorową i pomarańczową z chipsami tortilla, tacos, grillowanymi mięsami lub dowolnym innym daniem.

7.sos z roztopionej lawy

SKŁADNIKI:
- 10 papryczek habanero, usunięto łodygi
- 2 ząbki czosnku
- 1/4 szklanki białego octu
- 2 łyżki soku z limonki
- 1 łyżka miodu
- 1 łyżeczka soli

INSTRUKCJE:
a) W blenderze lub robocie kuchennym wymieszaj papryczki habanero, czosnek, biały ocet, sok z limonki, miód i sól.
b) Mieszaj, aż będzie gładka.
c) Sos przełożyć do rondla i doprowadzić do wrzenia na średnim ogniu.
d) Gotuj około 10 minut, od czasu do czasu mieszając.
e) Zdejmij z ognia i pozwól sosowi ostygnąć.
f) Po ostudzeniu sos przełożyć do słoika lub szczelnego pojemnika i przechowywać w lodówce.

8.Sos Yucatan Habanero

SKŁADNIKI:
- 6 papryczek habanero, usunięto łodygi i nasiona
- 2 ząbki czosnku
- 1/2 małej czerwonej cebuli, posiekanej
- Sok z 2 pomarańczy
- Sok z 1 limonki
- 2 łyżki białego octu
- 1 łyżka oliwy z oliwek
- 1 łyżeczka suszonego oregano
- Sól dla smaku

INSTRUKCJE:
a) W blenderze lub robocie kuchennym zmieszaj papryczki habanero, czosnek, czerwoną cebulę, sok pomarańczowy, sok z limonki, biały ocet, oliwę z oliwek, suszone oregano i szczyptę soli.
b) Mieszaj, aż uzyskasz gładką konsystencję. Jeśli mieszanina jest zbyt gęsta, można dodać odrobinę wody, aby uzyskać pożądaną konsystencję.
c) Spróbuj sosu i dopraw go, jeśli to konieczne, dodając więcej soli.
d) Sos habanero z Jukatanu przełożyć do słoika lub butelki z szczelnie zamykaną pokrywką.
e) Sos pozostawiamy w temperaturze pokojowej na co najmniej 1 godzinę, aby smaki mogły się rozwinąć i połączyć.
f) Po odpoczynku włóż sos do lodówki na kilka godzin lub na noc, aby jeszcze bardziej wzmocnić smak.
g) Podawaj sos habanero z Jukatanu jako pikantną przyprawę do grillowanych mięs, tacos, quesadillas lub innych dań, którym przyda się pikantny kopniak.
h) Pamiętaj, że papryczki habanero są niezwykle ostre, dlatego należy obchodzić się z nimi ostrożnie i pamiętać o założeniu rękawiczek podczas ich przygotowywania. Zacznij od małej ilości pieprzu habanero i dostosuj ilość w zależności od tolerancji przypraw. Rozkoszuj się ognistym smakiem sosu habanero z Jukatanu!

9. Sos Mango Habanero

SKŁADNIKI:
- 2 dojrzałe mango, obrane i posiekane
- 2 papryczki habanero, pozbawione nasion i posiekane
- ¼ szklanki białego octu
- 2 łyżki soku z limonki
- 2 łyżki miodu
- 1 łyżeczka czosnku w proszku
- Sól dla smaku

INSTRUKCJE:
a) W blenderze lub robocie kuchennym połącz posiekane mango, papryczki habanero, biały ocet, sok z limonki, miód, czosnek w proszku i sól.
b) Mieszaj, aż uzyskasz gładką konsystencję sosu.
c) Przenieść mieszaninę do rondla i doprowadzić do wrzenia na średnim ogniu.
d) Zmniejsz ogień do małego i gotuj przez około 10-15 minut, od czasu do czasu mieszając.
e) Zdejmij z ognia i poczekaj, aż sos całkowicie ostygnie.
f) Sos mango habanero przełożyć do słoika lub butelki z szczelnie zamykaną pokrywką.
g) Przechowywać w lodówce do momentu użycia.
h) Sosu można używać jako pikantnej przyprawy do grillowanych mięs i kanapek lub jako sos do sajgonek lub skrzydełek kurczaka.

10. Salsa Habanero Brzoskwiniowo-Śliwkowa

SKŁADNIKI:

- 2 brzoskwinie, obrane i pokrojone w kostkę
- 2 śliwki, obrane i pokrojone w kostkę
- 2 papryczki habanero, usunięte łodygi i nasiona, drobno posiekane
- 1/2 czerwonej cebuli, drobno posiekanej
- 1/4 szklanki świeżej kolendry, posiekanej
- Sok z 1 limonki
- 1 łyżka białego octu
- 1 łyżka miodu lub cukru (opcjonalnie, dla osłody)
- Sól dla smaku

INSTRUKCJE:

a) W misce wymieszaj pokrojone w kostkę brzoskwinie, śliwki, posiekaną paprykę habanero, czerwoną cebulę i kolendrę.
b) Dodaj sok z limonki i biały ocet do miski i dobrze wymieszaj.
c) Jeśli wolisz słodszą salsę, możesz dodać miód lub cukier i mieszać, aż się rozpuści.
d) Dopraw solą do smaku i dostosuj ilość papryczek habanero w zależności od pożądanego poziomu pikanterii.
e) Salsę pozostawiamy w temperaturze pokojowej na około 15-30 minut, aby smaki się połączyły.
f) Spróbuj salsy i w razie potrzeby dopraw ją.
g) Podawaj salsę habanero z brzoskwiniami i śliwkami z chipsami tortilla, grillowanymi mięsami, rybami, tacos lub dowolnym daniem, do którego przydałaby się owocowa i pikantna salsa.
h) Wszelkie resztki salsy można przechowywać w zamkniętym pojemniku w lodówce do 3-4 dni.
i) Rozkoszuj się słodką i pikantną kombinacją brzoskwiń i śliwek z ognistym kopnięciem papryczek habanero w tej pysznej salsie!

11. Sos czosnkowy Habanero

SKŁADNIKI:
- 12 papryczek habanero (usunąć nasiona i łodygi)
- 6 ząbków czosnku
- 1/2 szklanki białego octu
- 2 łyżki soku z limonki
- 1 łyżka soli
- 1 łyżka cukru

INSTRUKCJE:

a) W blenderze lub robocie kuchennym wymieszaj papryczki habanero, czosnek, ocet, sok z limonki, sól i cukier. Mieszaj, aż będzie gładka.

b) Wlać mieszaninę do rondla i doprowadzić do wrzenia na średnim ogniu.

c) Zmniejsz ogień do małego i gotuj sos przez około 10-15 minut, od czasu do czasu mieszając.

d) Zdejmij z ognia i poczekaj, aż sos całkowicie ostygnie. Przelej go do słoika lub butelki i przechowuj w lodówce.

12. Wędzony Sos Habanero

SKŁADNIKI:
- 12 papryczek habanero (usunąć nasiona i łodygi)
- 4 ząbki czosnku
- 2 łyżki oliwy z oliwek
- 2 łyżki wędzonej papryki
- 1/4 szklanki białego octu
- 2 łyżki soku z limonki
- 1 łyżka soli

INSTRUKCJE:
a) Na suchej patelni podsmaż papryczki habanero i ząbki czosnku na średnim ogniu, aż zaczną wydzielać zapach.
b) W blenderze lub robocie kuchennym połącz prażoną paprykę i czosnek, oliwę z oliwek, wędzoną paprykę, ocet, sok z limonki i sól. Mieszaj, aż będzie gładka.
c) Wlać mieszaninę do rondla i doprowadzić do wrzenia na średnim ogniu.
d) Zmniejsz ogień do małego i gotuj sos przez około 10-15 minut, od czasu do czasu mieszając.
e) Zdejmij z ognia i poczekaj, aż sos całkowicie ostygnie. Przelej go do słoika lub butelki i przechowuj w lodówce.

13. Sos Habanero w stylu karaibskim

SKŁADNIKI:
- 8 papryczek habanero (usunięte nasiona i łodygi)
- 4 ząbki czosnku
- 1/2 szklanki soku ananasowego
- 1/4 szklanki soku pomarańczowego
- 1/4 szklanki soku z limonki
- 2 łyżki białego octu
- 1 łyżka miodu lub cukru
- 1 łyżeczka soli

INSTRUKCJE:

a) W blenderze lub robocie kuchennym wymieszaj papryczki habanero, czosnek, sok ananasowy, sok pomarańczowy, sok z limonki, ocet, miód lub cukier i sól. Mieszaj, aż będzie gładka.

b) Wlać mieszaninę do rondla i doprowadzić do wrzenia na średnim ogniu.

c) Zmniejsz ogień do małego i gotuj sos przez około 10-15 minut, od czasu do czasu mieszając.

d) Zdejmij z ognia i poczekaj, aż sos całkowicie ostygnie. Przelej go do słoika lub butelki i przechowuj w lodówce.

14. Słodki sos Habanero Bbq

SKŁADNIKI:
- 8 papryczek habanero (usunięte nasiona i łodygi)
- 4 ząbki czosnku
- 1 szklanka ketchupu
- 1/4 szklanki melasy
- 2 łyżki białego octu
- 2 łyżki brązowego cukru
- 1 łyżka sosu Worcestershire
- 1 łyżeczka wędzonej papryki
- 1/2 łyżeczki soli

INSTRUKCJE:
a) W blenderze lub robocie kuchennym wymieszaj papryczki habanero, czosnek, keczup, melasę, ocet, brązowy cukier, sos Worcestershire, wędzoną paprykę i sól. Mieszaj, aż będzie gładka.
b) Wlać mieszaninę do rondla i doprowadzić do wrzenia na średnim ogniu.
c) Zmniejsz ogień do małego i gotuj sos przez około 10-15 minut, od czasu do czasu mieszając.
d) Zdejmij z ognia i poczekaj, aż sos całkowicie ostygnie. Przelej go do słoika lub butelki i przechowuj w lodówce.

15. Sos Wino-Habanero

SKŁADNIKI:
- 4 papryczki habanero, usunięte łodygi i nasiona, drobno posiekane
- 1 szklanka czerwonego wina (np. Cabernet Sauvignon lub Merlot)
- 1/2 szklanki destylowanego białego octu
- 1/4 szklanki miodu lub cukru
- 2 ząbki czosnku, posiekane
- 1 łyżeczka soli
- 1 łyżka skrobi kukurydzianej (opcjonalnie, do zagęszczenia)

INSTRUKCJE:
a) W rondlu wymieszaj papryczki habanero, czerwone wino, biały ocet, miód lub cukier, zmielony czosnek i sól.
b) Doprowadzić mieszaninę do wrzenia na średnim ogniu. Po zagotowaniu zmniejsz ogień do minimalnego i gotuj na wolnym ogniu przez około 15 minut, od czasu do czasu mieszając.
c) Jeśli wolisz gęstszy sos, rozpuść skrobię kukurydzianą w niewielkiej ilości zimnej wody, aby uzyskać zawiesinę. Wmieszaj zawiesinę do sosu i gotuj na wolnym ogniu przez kolejne 5 minut, aż sos lekko zgęstnieje.
d) Zdejmij rondelek z ognia i poczekaj, aż sos winno-habanero całkowicie ostygnie.
e) Sos przelej do słoika lub butelki i przechowuj w lodówce.
f) Aby uzyskać najlepsze rezultaty, przed użyciem należy pozostawić smaki na co najmniej 1-2 dni.
g) Sos winno-habanero podawaj jako przyprawę lub glazurę do grillowanych mięs, drobiu, owoców morza lub pieczonych warzyw.

16. Sos Rumowy Habanero

SKŁADNIKI:
- 4 papryczki habanero, usunięte łodygi i nasiona, drobno posiekane
- 1/2 szklanki rumu (ciemnego lub pikantnego)
- 1/4 szklanki destylowanego białego octu
- 1/4 szklanki soku z limonki
- 2 łyżki miodu lub cukru
- 2 ząbki czosnku, posiekane
- 1 łyżeczka soli

INSTRUKCJE:
a) W rondlu wymieszaj papryczki habanero, rum, biały ocet, sok z limonki, miód lub cukier, zmielony czosnek i sól.
b) Doprowadzić mieszaninę do wrzenia na średnim ogniu. Po zagotowaniu zmniejsz ogień do małego i gotuj na wolnym ogniu przez około 10 minut, od czasu do czasu mieszając.
c) Zdejmij rondelek z ognia i pozwól sosowi rumowo-habanero ostygnąć przez kilka minut.
d) Sos przełożyć do blendera lub robota kuchennego i zmiksować na gładką masę.
e) Pozwól sosowi całkowicie ostygnąć.
f) Sos przelać do słoiczka lub butelki i przechowywać w lodówce.
g) Aby uzyskać najlepsze rezultaty, przed użyciem poczekaj, aż smaki się połączą przez co najmniej 1-2 dni.
h) Podawaj sos rumowo-habanero jako przyprawę lub glazurę do grillowanych mięs, owoców morza lub jako sos do maczania przystawek.

17. Meksykański ostry sos Habanero

SKŁADNIKI:
- 8 pomarańczowych papryczek habanero
- 4 ząbki czosnku (posiekane)
- 1/4 szklanki octu destylowanego
- 2 łyżki soli
- 1 łyżka cukru
- 1 łyżka oleju roślinnego

INSTRUKCJE:
a) Usuń łodygi z papryczek habanero i umieść je w blenderze.
b) Do blendera dodaj posiekany czosnek, ocet destylowany, sól, cukier i olej roślinny. Mieszaj, aż będzie gładka.
c) Przełóż mieszaninę do rondla i gotuj na małym ogniu przez 10-15 minut, od czasu do czasu mieszając.
d) Zanim przelejesz sos do słoika lub butelki, poczekaj, aż całkowicie ostygnie. Przechowywać w lodówce i używać według uznania.

18.sos rezerwowy El Yucateco w stylu Black Label

SKŁADNIKI:
- 8 czarnych papryczek habanero
- 4 ząbki czosnku (posiekane)
- 1/4 szklanki octu destylowanego
- 2 łyżki soli
- 1 łyżka cukru
- 1 łyżka oleju roślinnego

INSTRUKCJE:
a) Usuń łodygi z papryczek habanero i umieść je w blenderze.
b) Do blendera dodaj posiekany czosnek, ocet destylowany, sól, cukier i olej roślinny. Mieszaj, aż będzie gładka.
c) Wlać mieszaninę do rondla i gotować na małym ogniu przez 10-15 minut, od czasu do czasu mieszając.
d) Zostaw sos do całkowitego ostygnięcia, a następnie przelej go do słoika lub butelki. Przechowywać w lodówce.

19. sos z Barbadosu

SKŁADNIKI:
- 6 papryczek habanero, usunięto łodygi
- 1 mała cebula, posiekana
- 3 ząbki czosnku
- 1/4 szklanki białego octu
- 1 łyżka musztardy
- 1 łyżeczka cukru
- Sól dla smaku

INSTRUKCJE:
a) W blenderze lub robocie kuchennym połącz papryczkę habanero, cebulę, czosnek, ocet, musztardę, cukier i sól.
b) Mieszaj, aż będzie gładka.
c) Sos przełożyć do rondla i doprowadzić do wrzenia na średnim ogniu.
d) Gotuj około 10 minut, od czasu do czasu mieszając.
e) Zdejmij z ognia i pozwól sosowi ostygnąć.
f) Po ostygnięciu sos przełożyć do słoika lub szczelnego pojemnika i przechowywać w lodówce.

20. Kreolski sos z ostrej papryki

SKŁADNIKI:
- 10 papryczek habanero, usunięte łodygi
- 2 ząbki czosnku
- 1/2 szklanki białego octu
- 2 łyżki koncentratu pomidorowego
- 1 łyżka papryki
- 1 łyżka miodu
- 1 łyżeczka soli

INSTRUKCJE:
a) W blenderze lub robocie kuchennym wymieszaj papryczkę habanero, czosnek, biały ocet, koncentrat pomidorowy, paprykę, miód i sól.
b) Mieszaj, aż będzie gładka.
c) Sos przełożyć do rondla i doprowadzić do wrzenia na średnim ogniu.
d) Gotuj około 10 minut, od czasu do czasu mieszając.
e) Zdejmij z ognia i pozwól sosowi ostygnąć.
f) Po ostygnięciu sos przełożyć do słoika lub szczelnego pojemnika i przechowywać w lodówce.

21.Owocowy Ostry Sos

SKŁADNIKI:
- 1 szklanka mieszanych owoców (takich jak mango, ananas lub brzoskwinie), pokrojonych w kostkę
- 2 papryczki habanero, usunięte łodygi i nasiona
- 1/4 szklanki białego octu
- 2 łyżki miodu
- 1 łyżka soku z limonki
- 1/2 łyżeczki soli

INSTRUKCJE:
a) W blenderze lub robocie kuchennym połącz zmieszane owoce, papryczkę habanero, biały ocet, miód, sok z limonki i sól.
b) Mieszaj, aż będzie gładka.
c) Sos przełożyć do rondla i doprowadzić do wrzenia na średnim ogniu.
d) Gotuj około 10 minut, od czasu do czasu mieszając.
e) Zdejmij z ognia i pozwól sosowi ostygnąć.
f) Po ostygnięciu sos przełożyć do słoika lub szczelnego pojemnika i przechowywać w lodówce.

22. Gorący sos wulkaniczny

SKŁADNIKI:
- 10 czerwonych papryczek chili (takich jak cayenne lub habanero), usunięto łodygi
- 2 ząbki czosnku
- 1/4 szklanki białego octu
- 2 łyżki soku z limonki
- 1 łyżka miodu
- 1 łyżeczka soli

INSTRUKCJE:
a) W blenderze lub robocie kuchennym połącz czerwone papryczki chili, czosnek, biały ocet, sok z limonki, miód i sól.
b) Mieszaj, aż będzie gładka.
c) Sos przełożyć do rondla i doprowadzić do wrzenia na średnim ogniu.
d) Gotuj około 10 minut, od czasu do czasu mieszając.
e) Zdejmij z ognia i pozwól sosowi ostygnąć.
f) Po ostudzeniu sos przełożyć do słoika lub szczelnego pojemnika i przechowywać w lodówce.

23. Aji Picante

SKŁADNIKI:
- 1 uncja (około 4) świeżej papryki ají chirca lub habanero, pozbawiona łodyg i posiekana
- 6 szalotek, zarówno białych, jak i zielonych części, posiekanych
- 1 szklanka świeżo posiekanej kolendry
- 2 średnie pomidory, posiekane
- 1 łyżka soli niejodowanej
- 1 szklanka wody
- ¼ szklanki zarezerwowanej solanki
- ¼ szklanki białego octu
- 2 łyżki soku z limonki
- 2 łyżeczki granulowanego cukru
- ¼ szklanki oleju z awokado lub słonecznika do podania

INSTRUKCJE:
a) W misce wymieszaj chili, szalotkę, kolendrę i pomidory. Posyp warzywa solą.
b) Używając rąk, wmasuj sól w warzywa, aż zacznie tworzyć się solanka. Odstaw warzywa na 30 minut lub do momentu, aż utworzy się wystarczająca ilość solanki, aby przykryć składniki w słoiku.
c) Przełóż zacier do czystego słoika, dociśnij go tak, aby solanka przykryła zacier.
d) Umieść kartusz, jeśli go używasz, następnie mocno zakręć pokrywkę i przechowuj słoik w temperaturze pokojowej do fermentacji przez 5 dni. Codziennie odbijaj słoik.
e) Po zakończeniu fermentacji odcedź zacier, zachowując ¼ szklanki solanki.
f) Połącz zacier, wodę, zarezerwowaną solankę, ocet, sok z limonki i cukier w robocie kuchennym lub blenderze. Lekko pulsuj, aż składniki dobrze się połączą, ale nie zostaną całkowicie zmiksowane. Aby uzyskać nieco bardziej chrupiącą wersję, możesz pominąć etap pulsowania i po prostu wymieszać składniki ręcznie.
g) Przechowuj ají picante w hermetycznym pojemniku w lodówce przez okres do 1 roku.
h) Tuż przed podaniem wymieszaj 1 łyżkę oleju na 1 szklankę sosu.

HABANERO POciera

24. Krem do grilla Macnamee's

SKŁADNIKI:
- 2 łyżeczki szafranu
- 2 łyżki maku
- 3 łyżki sumaku (mielonego) 1 łyżka muszkatołowca (mielonego)
- 3 łyżki uniwersalnej przyprawy greckiej
- 3 łyżki proszku habanero
- 4 łyżki proszku chili ancho
- 4 łyżki uniwersalnej przyprawy do kurczaka
- 2 łyżki czarnego pieprzu
- 2 łyżki soli morskiej/soli koszernej

INSTRUKCJE:
a) W średniej misce wymieszaj składniki. Przechowywać w temperaturze pokojowej w szczelnym pojemniku do momentu użycia.
b) Natrzyj obficie łopatkę wieprzową, przykryj i wstaw do lodówki na noc (lub co najmniej 4 godziny) przed wędzeniem, pieczeniem, wolnym gotowaniem lub grillowaniem.

25. Przyprawa Mocandra

SKŁADNIKI:
- 4 łyżki kolendry
- 1 łyżka sumaku (mielonego)
- 1 łyżka natki pietruszki
- 3 łyżki oregano
- 4 łyżki węgierskiej słodkiej papryki
- 3 łyżki nasion kopru włoskiego
- 1 łyżka proszku habanero
- 2 łyżki suchej przyprawy do nacho

INSTRUKCJE:

a) W średniej misce wymieszaj składniki. Przechowywać w temperaturze pokojowej w szczelnym pojemniku do momentu użycia.

b) Natrzyj obficie kotlety schabowe, przykryj i wstaw do lodówki na noc (lub minimum 4 godziny) przed wędzeniem, pieczeniem, wolnym gotowaniem lub grillowaniem.

26. Przyprawa do steków Nagasaki

SKŁADNIKI:
- ½ szklanki sosu sojowego
- 3 łyżki soku z cytryny
- 1 łyżka proszku habanero
- 2 łyżki sumaku (mielonego)
- 1 łyżka gorącego curry w proszku
- 1 łyżka jagód jałowca (mielonych)
- 1 łyżka ziela angielskiego w proszku

INSTRUKCJE:
a) W średniej misce wymieszaj składniki.
b) Marynuj steki przez co najmniej 4 godziny przed grillowaniem.

27. Przyprawa Brundage

SKŁADNIKI:
- 4 łyżki sumaku (mielonego)
- 2 łyżki nasion selera (mielonych) 1 łyżka habanero w proszku
- 2 łyżki uniwersalnej przyprawy do owoców morza
- 2 łyżki chińskiego proszku pięciu przypraw
- 1 łyżka przyprawy do steków Montreal 1 łyżka anyżu
- 4 łyżki gorczycy (mielonej) 2 łyżki czarnego pieprzu

INSTRUKCJE:
a) W średniej misce wymieszaj składniki. Przechowywać w temperaturze pokojowej w szczelnym pojemniku do momentu użycia.
b) Natrzyj obficie łopatkę wieprzową, przykryj i wstaw do lodówki na noc (lub co najmniej 4 godziny) przed wędzeniem, pieczeniem, wolnym gotowaniem lub grillowaniem.

28. Klasyczny Rub Habanero

SKŁADNIKI:
- 2 łyżki mielonego pieprzu habanero
- 2 łyżki wędzonej papryki
- 1 łyżka czosnku w proszku
- 1 łyżka proszku cebulowego
- 1 łyżka brązowego cukru
- 1 łyżka suszonego oregano
- 1 łyżka mielonego kminku
- 1 łyżka soli
- 1 łyżeczka czarnego pieprzu

INSTRUKCJE:
a) W misce połącz wszystkie składniki i dobrze wymieszaj, aż składniki zostaną równomiernie połączone.
b) Nacieraj obficie powstałą mieszanką wybrane mięso lub warzywa przed grillowaniem, pieczeniem lub wędzeniem.

29. Słodko-pikantny Rub Habanero

SKŁADNIKI:
- 2 łyżki mielonego pieprzu habanero
- 2 łyżki brązowego cukru
- 1 łyżka wędzonej papryki
- 1 łyżka czosnku w proszku
- 1 łyżka proszku cebulowego
- 1 łyżka mielonego kminku
- 1 łyżka chili w proszku
- 1 łyżka soli
- 1 łyżeczka czarnego pieprzu

INSTRUKCJE:
a) Wszystkie składniki łączymy w misce i dokładnie mieszamy.
b) Nałóż środek nacierający obficie na mięso lub warzywa, zapewniając równomierną powłokę.
c) Gotuj jedzenie według uznania, niezależnie od tego, czy grillujesz, pieczesz, czy smażysz na patelni, aby smaki nacierania przeniknęły do potrawy.

30.Cytrusowy Habanero Rub

SKŁADNIKI:
- 2 łyżki mielonego pieprzu habanero
- Skórka z 1 limonki
- Skórka z 1 pomarańczy
- 2 łyżki brązowego cukru
- 1 łyżka wędzonej papryki
- 1 łyżka czosnku w proszku
- 1 łyżka proszku cebulowego
- 1 łyżka mielonego kminku
- 1 łyżka suszonego tymianku
- 1 łyżka soli
- 1 łyżeczka czarnego pieprzu

INSTRUKCJE:
a) W misce wymieszaj zmieloną paprykę habanero, skórkę z limonki, skórkę pomarańczową, brązowy cukier, wędzoną paprykę, czosnek w proszku, cebulę w proszku, kminek, tymianek, sól i czarny pieprz.
b) Wszystkie składniki dokładnie wymieszaj, aż dobrze się połączą.
c) Nałóż obficie środek na mięso lub warzywa przed gotowaniem, zapewniając równomierne pokrycie.
d) Gotuj jedzenie, stosując preferowaną metodę, aby smaki się połączyły.

31. Wędzony Habanero Rub

SKŁADNIKI:
- 2 łyżki mielonego pieprzu habanero
- 1 łyżka wędzonej papryki
- 1 łyżka brązowego cukru
- 1 łyżka czosnku w proszku
- 1 łyżka proszku cebulowego
- 1 łyżka mielonej kolendry
- 1 łyżka mielonego kminku
- 1 łyżka soli
- 1 łyżeczka czarnego pieprzu

INSTRUKCJE:
a) W misce wymieszaj zmieloną paprykę habanero, wędzoną paprykę, brązowy cukier, czosnek w proszku, cebulę w proszku, kolendrę, kminek, sól i czarny pieprz.
b) Dobrze wymieszaj, aż wszystkie składniki zostaną równomiernie rozłożone.
c) Natrzyj obficie powstałą mieszanką mięso lub warzywa, upewniając się, że pokryła je ze wszystkich stron.
d) Grilluj, piecz lub wędź jedzenie, aż będzie całkowicie ugotowane, co pozwoli rozwinąć smak nacierania.

32.Miód Habanero Rub

SKŁADNIKI:
- 2 łyżki mielonego pieprzu habanero
- 2 łyżki miodu
- 1 łyżka wędzonej papryki
- 1 łyżka czosnku w proszku
- 1 łyżka proszku cebulowego
- 1 łyżka mielonego kminku
- 1 łyżka suszonego tymianku
- 1 łyżka soli
- 1 łyżeczka czarnego pieprzu

INSTRUKCJE:
a) W misce wymieszaj zmieloną paprykę habanero, miód, wędzoną paprykę, czosnek w proszku, cebulę w proszku, kminek, tymianek, sól i czarny pieprz.
b) Mieszaj, aż wszystkie składniki dobrze się połączą i utworzą gęstą pastę.
c) Wetrzyj mieszaninę w mięso lub warzywa, zapewniając równomierną powłokę.
d) Pozostaw potrawę z nacieraniem na co najmniej 30 minut, aby smaki mogły przeniknąć.
e) Gotuj jedzenie według uznania, niezależnie od tego, czy grillujesz, pieczesz, czy smażysz na patelni, aż będzie całkowicie ugotowane, a nacieranie lekko się skarmelizuje.

33. Rub ananasowo-Habanero

SKŁADNIKI:
- 2 łyżki mielonego pieprzu habanero
- 1/4 szklanki soku ananasowego
- Skórka z 1 limonki
- 2 łyżki brązowego cukru
- 1 łyżka wędzonej papryki
- 1 łyżka czosnku w proszku
- 1 łyżka proszku cebulowego
- 1 łyżka mielonego kminku
- 1 łyżka suszonego oregano
- 1 łyżka soli
- 1 łyżeczka czarnego pieprzu

INSTRUKCJE:
a) W misce wymieszaj mieloną paprykę habanero, sok ananasowy, skórkę z limonki, brązowy cukier, wędzoną paprykę, czosnek w proszku, cebulę w proszku, kminek, oregano, sól i czarny pieprz, aż dobrze się połączą.
b) Wetrzyj mieszankę w mięso lub warzywa, zapewniając równomierne pokrycie.
c) Przed gotowaniem należy pozostawić go w marynacie na co najmniej 30 minut, aby smaki mogły się przeniknąć.
d) Grilluj, piecz lub smaż jedzenie, aż będzie całkowicie ugotowane i ciesz się pikantnym i słodkim połączeniem smaku.

34.Rub Mango-Habanero

SKŁADNIKI:
- 2 łyżki mielonego pieprzu habanero
- 1/4 szklanki puree z mango
- Skórka z 1 cytryny
- 2 łyżki miodu
- 1 łyżka wędzonej papryki
- 1 łyżka czosnku w proszku
- 1 łyżka proszku cebulowego
- 1 łyżka mielonej kolendry
- 1 łyżka mielonego kminku
- 1 łyżka soli
- 1 łyżeczka czarnego pieprzu

INSTRUKCJE:
a) W misce wymieszaj mieloną paprykę habanero, puree z mango, skórkę z cytryny, miód, wędzoną paprykę, czosnek w proszku, cebulę w proszku, kolendrę, kminek, sól i czarny pieprz.
b) Mieszaj, aż wszystkie składniki dobrze się połączą.
c) Nacieraj powstałą mieszanką mięso lub warzywa, tak aby pokryła je obficie.
d) Pozwól mu marynować przez co najmniej 30 minut przed gotowaniem, aby wzmocnić smak.
e) Gotuj jedzenie według uznania, grillując, piecząc lub smażąc na patelni, aż będzie całkowicie ugotowane i karmelizowane.

35. Rub kawowo-habanero

SKŁADNIKI:
- 2 łyżki mielonego pieprzu habanero
- 2 łyżki drobno zmielonej kawy
- 2 łyżki brązowego cukru
- 1 łyżka wędzonej papryki
- 1 łyżka czosnku w proszku
- 1 łyżka proszku cebulowego
- 1 łyżka mielonego kminku
- 1 łyżka chili w proszku
- 1 łyżka soli
- 1 łyżeczka czarnego pieprzu

INSTRUKCJE:

a) W misce wymieszaj mieloną paprykę habanero, mieloną kawę, brązowy cukier, wędzoną paprykę, czosnek w proszku, cebulę w proszku, kminek, chili w proszku, sól i czarny pieprz.

b) Dobrze wymieszaj, aż wszystkie składniki zostaną równomiernie rozłożone.

c) Wetrzyj mieszaninę w mięso lub warzywa, zapewniając dokładne pokrycie.

d) Odstawiamy na co najmniej 30 minut, aby smaki się przegryzły.

e) Grilluj, piecz lub wędź jedzenie, aż będzie w pełni ugotowane, co pozwoli rozwinąć mocny smak.

ŚNIADANIE

36. Burritos Habanero na śniadanie

SKŁADNIKI:
- 4 duże tortille pszenne
- 8 jajek, ubitych
- 1 papryczka habanero, pozbawiona nasion i drobno posiekana
- 1/2 szklanki startego sera Cheddar
- 1/4 szklanki posiekanej świeżej kolendry
- Sól i pieprz do smaku
- Olej do gotowania

INSTRUKCJE:
a) Na patelni na średnim ogniu rozgrzej odrobinę oleju kuchennego. Dodaj posiekaną paprykę habanero i smaż przez 1-2 minuty, aż zmięknie.
b) Wlać roztrzepane jajka na patelnię z habanero i smażyć, mieszając od czasu do czasu, aż jajecznica się zetnie.
c) Jajka doprawiamy solą i pieprzem do smaku.
d) Podgrzej tortille z mąki na osobnej patelni lub w kuchence mikrofalowej.
e) Rozłóż jajecznicę równomiernie pomiędzy tortillami. Każdą z porcji posypujemy startym serem cheddar i posiekaną kolendrą.
f) Zwiń tortille, tworząc burrito, składając boki podczas zwijania.
g) Podawać od razu, opcjonalnie z plasterkami salsy lub awokado.

37. Tost Habanero z Awokado

SKŁADNIKI:
- 2 kromki ulubionego chleba, tostowe
- 1 dojrzałe awokado
- 1 papryczka habanero, pozbawiona nasion i pokrojona w cienkie plasterki
- 1 łyżka soku z limonki
- Sól i pieprz do smaku
- Dodatki do wyboru: pokrojone rzodkiewki, mikrogreeny, pokruszony ser feta

INSTRUKCJE:
a) W misce rozgnieć dojrzałe awokado z sokiem z limonki, solą i pieprzem.
b) Rozłóż puree z awokado równomiernie na podpieczonych kromkach chleba.
c) Na tost z awokado połóż cienkie plasterki papryczki habanero.
d) Dodaj dowolne dodatki, takie jak pokrojone rzodkiewki, mikroliście lub pokruszony ser feta.
e) Podawaj natychmiast, aby uzyskać pikantne i sycące śniadanie.

38. Hash śniadaniowy Habanero

SKŁADNIKI:
- 2 łyżki oliwy z oliwek
- 1 papryczka habanero, pozbawiona nasion i drobno posiekana
- 1 mała cebula, pokrojona w kostkę
- 2 ząbki czosnku, posiekane
- 2 średnie ziemniaki, obrane i pokrojone w kostkę
- 1 papryka, pokrojona w kostkę
- 4 jajka
- Sól i pieprz do smaku
- Posiekana świeża pietruszka do dekoracji

INSTRUKCJE:
a) Rozgrzej oliwę z oliwek na dużej patelni na średnim ogniu. Dodać posiekaną papryczkę habanero, pokrojoną w kostkę cebulę i przeciśnięty przez praskę czosnek. Smażymy 2-3 minuty, aż zmiękną.

b) Dodaj pokrojone w kostkę ziemniaki na patelnię i smaż, mieszając od czasu do czasu, aż staną się złotobrązowe i ugotowane, około 10-12 minut.

c) Dodajemy pokrojoną w kostkę paprykę i smażymy kolejne 2-3 minuty, aż zmięknie.

d) Utwórz cztery dołki w mieszance haszyszowej i wbij jajko do każdego dołka.

e) Przykryj patelnię i smaż przez 3-4 minuty lub do momentu, aż białka jajek się zetną, ale żółtka będą nadal płynne.

f) Dopraw solą i pieprzem do smaku, następnie udekoruj posiekaną świeżą natką pietruszki.

g) Podawać na gorąco, opcjonalnie z ostrym sosem lub salsą z boku, aby uzyskać dodatkowe ciepło.

39. Quesadillas Habanero na śniadanie

SKŁADNIKI:
- 4 duże tortille pszenne
- 1 szklanka startego sera (takiego jak Cheddar lub Monterey Jack)
- 4 jajka, jajecznica
- 1 papryczka habanero, pozbawiona nasion i drobno posiekana
- 1/4 szklanki posiekanej świeżej kolendry
- Sól i pieprz do smaku
- Olej kuchenny lub masło do smażenia

INSTRUKCJE:
a) Rozgrzej patelnię na średnim ogniu i lekko posmaruj olejem kuchennym lub masłem.
b) Umieść jedną tortillę z mąki na patelni i równomiernie posyp ją połową startego sera.
c) Na serze rozsmaruj połowę jajecznicy, posyp posiekaną papryką habanero i kolendrą.
d) Dopraw solą i pieprzem do smaku.
e) Nałóż kolejną tortillę i delikatnie dociśnij.
f) Smaż quesadillę przez 2-3 minuty z każdej strony lub do momentu, aż tortille będą złocistobrązowe, a ser się roztopi.
g) Powtórz tę czynność z pozostałymi składnikami, aby przygotować drugą quesadillę.
h) Zdejmij z patelni i odczekaj minutę, a następnie pokrój w kliny.
i) Podawać na gorąco z salsą, kwaśną śmietaną lub plasterkami awokado.

40. Pikantne śniadaniowe paszteciki z kiełbaskami Habanero

SKŁADNIKI:
- 1 funt mielonej wieprzowiny
- 1 papryczka habanero, pozbawiona nasion i drobno posiekana
- 2 ząbki czosnku, posiekane
- 1 łyżeczka mielonego kminku
- 1 łyżeczka wędzonej papryki
- 1/2 łyżeczki suszonego tymianku
- 1/2 łyżeczki suszonego oregano
- Sól i pieprz do smaku
- Olej kuchenny do smażenia

INSTRUKCJE:
a) W misce wymieszaj mieloną wieprzowinę, posiekaną paprykę habanero, posiekany czosnek, mielony kminek, wędzoną paprykę, suszony tymianek, suszone oregano, sól i pieprz.
b) Mieszaj składniki razem, aż dobrze się połączą.
c) Podziel mieszaninę na równe części i uformuj z nich kotleciki.
d) Na patelni na średnim ogniu rozgrzej odrobinę oleju kuchennego.
e) Smaż placki z kiełbasą na patelni przez około 4-5 minut z każdej strony lub do momentu, aż będą ugotowane i złocistobrązowe na zewnątrz.
f) Zdjąć z patelni i odsączyć na ręcznikach papierowych, aby pozbyć się nadmiaru oleju.
g) Podawaj pikantne paszteciki z kiełbaskami habanero na gorąco z jajkami, tostami lub ulubionymi dodatkami śniadaniowymi.

41. Patelnia śniadaniowa Habanero

SKŁADNIKI:
- 4 duże jajka
- 1 papryczka habanero, pozbawiona nasion i drobno posiekana
- 1 papryka, pokrojona w kostkę
- 1 mała cebula, pokrojona w kostkę
- 2 ząbki czosnku, posiekane
- 2 średnie ziemniaki, obrane i pokrojone w kostkę
- 1 łyżka oliwy z oliwek
- Sól i pieprz do smaku
- Posiekana świeża pietruszka do dekoracji

INSTRUKCJE:
a) Rozgrzej oliwę z oliwek na dużej patelni na średnim ogniu.
b) Dodaj pokrojone w kostkę ziemniaki na patelnię i gotuj, aż uzyskasz złoty kolor i chrupkość, około 10 minut.
c) Na patelnię wrzucamy pokrojoną w kostkę paprykę, cebulę i przeciśnięty przez praskę czosnek. Gotuj, aż warzywa zmiękną, około 5 minut.
d) Utwórz cztery dołki w mieszance ziemniaków i wbij jajko do każdego dołka.
e) Posyp równomiernie posiekaną paprykę habanero na patelni.
f) Przykryj patelnię i gotuj, aż białka się zetną, a żółtka będą nadal płynne, około 5 minut.
g) Dopraw solą i pieprzem do smaku, następnie udekoruj posiekaną świeżą natką pietruszki.
h) Podawać na gorąco, opcjonalnie z ostrym sosem lub salsą dla dodatkowego ciepła.

42.Habanero Mango Diabelskie Jajka

SKŁADNIKI:
- 6 dużych jajek ugotowanych na twardo i obranych
- 1/4 szklanki majonezu
- 1 łyżeczka musztardy Dijon
- 1 łyżeczka białego octu
- 1 papryczka habanero, drobno posiekana (usunąć nasiona, aby zmniejszyć ogień)
- 2 łyżki drobno pokrojonego dojrzałego mango
- Sól i pieprz do smaku
- Posiekana kolendra do dekoracji

INSTRUKCJE:
a) Przygotuj klasyczne jajka faszerowane.
b) Majonez wymieszaj z musztardą Dijon, białym octem, mieloną papryką habanero, pokrojonym w kostkę mango, solą i pieprzem.
c) Połącz mieszankę habanero mango z puree z żółtek.
d) Wypełnij białka jajkami i udekoruj posiekaną kolendrą.
e) Przechowywać w lodówce do momentu podania.

43. Frittata Z Czarną Fasolą

SKŁADNIKI:
- 6 jaj
- 2 łyżeczki zielonego ostrego sosu habanero
- sól dla smaku
- mielony czarny pieprz do smaku
- 3 cebule, pokrojone w plasterki
- 2 szalotki, pokrojone w plasterki
- 1 łyżka oleju kokosowego
- 1 puszka czarnej fasoli
- 12 kl. Rosół
- Sok z 1/2 cytryny
- 1 pomidor, pokrojony w kostkę

INSTRUKCJE:
a) Rozgrzej piekarnik do 350 stopni Fahrenheita.
b) W misce wymieszaj jajka z pikantnym sosem na gładką masę. Dopraw solą i pieprzem do smaku.
c) Napełnij patelnię mieszanką i piecz, aż omlet się zetnie.
d) W woku rozgrzej oliwę, dodaj cebulę i szalotkę wraz z ostrym sosem.
e) Dodać fasolę i bulion, doprowadzić do wrzenia, po czym zmniejszyć ogień.
f) Dodaj sok z cytryny.
g) Wyjmij omlet z piekarnika.
h) Rozłóż równomiernie masę fasolową na wierzchu.
i) Posypać pokrojonymi w kostkę pomidorami.

PRZEKĄSKI I PRZYSTAWKI

44.Puszyste kulki Akara

SKŁADNIKI:
- 2 szklanki groszku czarnookiego (oczyszczonego, obranego i namoczonego)
- 1 papryczka habanero
- 1 duża cebula (pokrojona do zmiksowania)
- Sól lub bulion w proszku do smaku.
- ¾ szklanki wody
- 3 szklanki oleju do smażenia (do głębokiego smażenia)

INSTRUKCJE:
a) Namoczoną fasolę włóż do blendera, dodaj cebulę, pieprz i ¾ szklanki wody. Mieszaj, aż będzie gładka. Ciasto przełożyć do miski miksera stacjonarnego z dołączoną trzepaczką.
b) Dodaj sól, następnie ubijaj ciasto przez około 6 minut, aby wprowadzić powietrze do mieszanki.
c) Podczas ubijania ciasta rozgrzewamy olej do smażenia.
d) Gdy olej będzie gorący, nabieraj ciasto dłonią, uważając, aby palce nie dotknęły gorącego oleju.
e) Smażyć na złoty kolor. Pamiętaj o przewróceniu Akary na drugą stronę, aby kulki Akary równomiernie się zarumieniły.
f) Przełożyć do kosza do smażenia wyłożonego papierowym ręcznikiem kuchennym, który wchłonie nadmiar oleju.

45. Karaibskie placuszki ananasowe

SKŁADNIKI:
- 2 szklanki świeżego ananasa; pokroić na kawałki
- 1 papryczka Habanero Chile; posiewane i mielone
- 5 szczypiorku; drobno posiekane
- 1 cebula; mielony
- 2 ząbki czosnku; puree i mielone
- 8 cebul zielonych; mielony
- ½ łyżeczki kurkumy
- 1 ¼ szklanki mąki
- ½ szklanki mleka; albo więcej
- ½ szklanki oleju roślinnego; do smażenia
- 2 jajka; bity
- Sól i pieprz
- Pierścienie ananasowe; do przybrania

INSTRUKCJE:
a) Wymieszaj pierwsze siedem składników ; odłożyć na bok.
b) Połącz mąkę, mleko, jajka, sól i pieprz i dobrze ubij mikserem elektrycznym.
c) Po 4 godzinach połącz owoce z ciastem.
d) Rozgrzej olej roślinny na głębokiej patelni.
e) Nakładać łyżkami ciasto i smażyć przez około 5 minut lub do momentu, aż nabiorą złocistego koloru.
f) Wyjąć placuszki i odsączyć na ręcznikach papierowych. Podawać na zimno

46. Karaibskie pikantne ceviche

SKŁADNIKI:
MARYNATA
- ½ łyżeczka cukru
- ½ łyżeczka soli
- ¼ łyżeczka mielonego czarnego pieprzu
- 1 ostry sos do smaku
- 2 uncje świeżego soku z limonki
- 2 uncje świeżego soku z cytryny
- 4 uncje świeżego soku pomarańczowego

DEKORACJE
- 4 uncje wysianych pomidorów i pokrojonych w kostkę ¼ cala
- 2 uncje papryki zielonej/czerwonej z nasionami, pokrojonej w kostkę o grubości ⅛ cala
- 2 uncje cebuli, posiekanej, następnie przepłukanej wodą i odsączonej
- 2 łyżki posiekanych liści kolendry
- 2 łyżki posiekanej natki pietruszki
- 2 papryczki serrano bez nasion, pokrojone w drobną kostkę
- 2 papryczki jalapeno pozbawione nasion i pokrojone w drobną kostkę
- 5 habanero bez nasion, pokrojonych w drobną kostkę

SKORUPIAK
- 32 uncje wrzącej wody
- 1 zielona cebula, biała część i 1-calowa zielona cebula pokrojona w plasterki
- 20 Krewetki obrane i oczyszczone
- 12 uncji małży, wyszorowanych i pozbawionych brody
- 12 małych małży
- 6 uncji przegrzebków, opłukanych
- 2 uncje białego wina
- 1 uncja szalotki pokrojonej w kostkę
- 1 chips tostada lub tortilla

INSTRUKCJE:
a) Składniki marynaty dobrze wymieszać i wstawić do lodówki
b) Przygotuj dekoracje, odłóż je na bok

c) Doprowadź wodę do wrzenia i gotuj na wolnym ogniu przez 5 minut
d) Dodaj krewetki do wody, aby były ugotowane, wyjmij i ostudź, aby nie stały się gumowate
e) Zagotuj płyn, dodaj przegrzebki i zdejmij z ognia, odstaw na 3 minuty
f) Pokrój przegrzebki, które w środkowym odpływie powinny być mlecznobiałe i opłucz je pod bieżącą wodą.
g) Połącz małże, małże, wino i szalotkę w pokrywce patelni i gotuj na parze, aż wszystkie muszle się otworzą, wyrzuć wszystkie nieotwarte muszle
h) Wyrzuć muszle i pokrój w kostkę wszystkie skorupiaki (krewetki, przegrzebki, małże i małże)
i) Dobrze wymieszaj marynatę, skorupiaki i dodatki i wstaw do lodówki na co najmniej dwie godziny. Przed podaniem sprawdź przyprawy

47.Ostryga I Habanero Ceviche

SKŁADNIKI:
- 8 Obrane świeże ostrygi
- 1 łyżka posiekanej kolendry
- 1 łyżka drobno pokrojonego pomidora
- ¼ łyżeczki puree Habanero
- ½ pomarańczy; najwyższy
- ¼ szklanki świeżo wyciśniętego soku pomarańczowego
- 1 łyżka świeżo wyciśniętego soku z cytryny
- Sól i pieprz

INSTRUKCJE:
a) Połącz wszystkie składniki w misce.
b) Doprawić solą i pieprzem.
c) Podawać w połówkach muszli ostryg.

48. Jalapeno Churros Z Dipem Habanero Mango

SKŁADNIKI:
DLA CHURROS:
- ½ bloku Cauldron Organic Tofu, odsączone
- 1 łyżeczka oliwy z oliwek
- Sok z ½ limonki
- 2 łyżki wody
- 1 mały ząbek czosnku
- ½ pokruszonej kostki bulionowej
- ¼ łyżeczki soli cebulowej/selerowej
- ¼ łyżeczki grubo mielonego czarnego pieprzu
- 125 g mąki samorosnącej
- 1 ½ łyżeczki proszku do pieczenia
- Skórka z 1 limonki
- 3 łyżki posiekanych, pokrojonych papryczek jalapeno
- Garść posiekanej kolendry

NA dip mango:
- ½ małej czerwonej cebuli
- 1 dojrzałe mango, obrane i wypestkowane
- Sok z 1 limonki
- 1 chili habanero, pozbawione nasion i pokrojone w kostkę
- Mała pęczek kolendry, posiekanej
- Szczypta soli

INSTRUKCJE:
a) W robocie kuchennym połącz odsączone organiczne tofu Cauldron, oliwę z oliwek, sok z limonki, wodę, czosnek, pokruszoną kostkę bulionową, sól selerową i czarny pieprz. Mieszaj, aż uzyskasz gładką mieszankę.
b) Wymieszaj samorosnącą mąkę, proszek do pieczenia, skórkę z limonki, posiekane papryczki jalapenos i kolendrę, aż dobrze się połączą.
c) Przełóż masę churro do szerokiego rękawa cukierniczego lub oprószonymi mąką dłońmi uformuj z niej rurki o wymiarach około 1 cm x 10 cm.
d) Rozgrzej olej roślinny we frytownicy lub na patelni o grubym dnie do 180°C (350°F).

e) Ostrożnie wrzucaj churros na gorący olej i smaż przez 3-4 minuty lub do momentu, aż będą złotobrązowe i chrupiące na zewnątrz. Upewnij się, że wewnętrzna część jest ugotowana do konsystencji przypominającej ciasto. Możesz sprawdzić jedno churro, ostrożnie wyjmując je z oleju i przełamując na pół, aby sprawdzić gotowanie przed wyjęciem pozostałych.
f) Gdy churros będą złocistobrązowe i chrupiące, wyjmij je z oleju i ułóż na talerzu wyłożonym ręcznikiem papierowym. Posyp je grubą solą do smaku.
g) Aby przygotować dip z mango, połącz wszystkie składniki dipu (oprócz kolendry) w blenderze lub robocie kuchennym i zmiksuj na gładką masę. Następnie wmieszaj posiekaną kolendrę.
h) Podawaj pikantne Jalapeno i limonkowe Churros z pikantnym dipem z mango, aby uzyskać aromatyczną i niepowtarzalną przekąskę.

49.Kalafior I Jalapeño En Escabeche

SKŁADNIKI:

- ¼ szklanki (60 ml) oliwy z oliwek
- 6 papryczek jalapeño (3½ uncji/100 g), przekrojonych wzdłuż na pół, pozbawionych gniazd nasiennych i pokrojonych w paski
- 4 marchewki (250 g), obrane i pokrojone w plasterki o grubości 2,5 cm
- 4 małe ząbki czosnku, obrane i rozgniecione
- 2 gałązki tymianku
- 1 liść laurowy
- ¼ łyżeczki suszonego majeranku
- 4 łyżeczki soli morskiej
- ½ szklanki (120 ml) octu ananasowego (można zastąpić octem cytrusowym)
- ½ szklanki (120 ml) octu jabłkowego
- 1 ½ łyżeczki cukru trzcinowego demerara
- 1 mała główka kalafiora (14 uncji/400 g), pokrojona na małe różyczki
- 1 małe chili habanero, pokrojone w cienkie plasterki
- ½ małej jicamy (260 g) obranej i pokrojonej w plasterki o grubości 2,5 cm

INSTRUKCJE:

a) Rozgrzej olej w szerokim garnku na średnim ogniu. Gdy będzie już gorące, dodaj papryczki jalapeno i marchewkę. Smaż przez 3 minuty, aż papryczki jalapeno uwolnią swój aromat.
b) Dodać czosnek, tymianek, liść laurowy, majeranek i sól. Smaż przez kolejne 5 minut.
c) Dodaj ocet ananasowy i cydrowy, cukier i ¼ szklanki (60 ml) wody i smaż, aż składniki dobrze się połączą. Dodaj kalafior, habanero i jicamę i smaż przez 5 minut.
d) Wyłącz ogrzewanie.
e) Przełożyć do miski, przykryć i odstawić na co najmniej 3 godziny, mieszając raz na godzinę. Przechowywać w lodówce do momentu podania. Można to przechowywać w lodówce do 4 tygodni.

50.Aguachile'a Rojo

SKŁADNIKI:
- 2 funty (910 g) dużych krewetek (około 15 do 17 na funt), obranych, oczyszczonych, opłukanych i osuszonych
- Sok z 12 limonek, najlepiej limonek (około 1½ szklanki/360 ml)
- 4 czerwone chili Fresno (1¼ uncji/30 g), usunięte łodygi
- 1 do 2 chili habanero, usunięte łodygi
- 2 łyżki oliwy z oliwek
- ½ łyżeczki soli morskiej i więcej w razie potrzeby
- Świeżo zmielony czarny pieprz
- 1 szklanka (135 g) obranego i pokrojonego w cienkie plasterki ogórka angielskiego
- ½ szklanki (65 g) cienko pokrojonej czerwonej cebuli
- 2 łyżki posiekanej świeżej kolendry

DO SERWOWANIA:
- Tostadas
- Plasterki limonki
- Posiekana świeża pietruszka

INSTRUKCJE:

a) Za pomocą małego, ostrego noża przekrój krewetki, przecinając prawie całą tylną stronę każdej z nich. Pomoże to krewetkom ułożyć się bardziej płasko podczas marynowania i gotowania.

b) Umieść krewetki w płytkim szklanym naczyniu. Wlej trzy czwarte soku z limonki (około 1 szklanki/240 ml) na wierzch, upewniając się, że krewetki są przykryte. Przykryj naczynie i wstaw do lodówki na około 15 minut, w tym czasie przygotuj resztę składników.

c) Do blendera dodaj chili Fresno i habanero, sok z pozostałej jednej czwartej soku z limonki (około ½ szklanki/120 ml), oliwę z oliwek i sól. Mieszaj, aż będzie gładka. Spróbuj soli i dostosuj w razie potrzeby.

d) Wyjmij krewetki z lodówki i polej wierzch dressingiem chili i limonki, upewniając się, że są równomiernie wymieszane z krewetkami. Doprawić pieprzem. Na wierzchu ułóż ogórki, cebulę i kolendrę. Schładzaj przez kolejne 15 minut.

e) Upewnij się, że krewetki schładzały się w lodówce przez co najmniej 30 minut, a następnie wymieszaj wszystko razem i podawaj z tostadami, plasterkami limonki i posiekaną natką pietruszki.

51. Puerto Ryba I Krewetka Ceviche Tostadas

SKŁADNIKI:

- 1 funt (455 g) filetów z halibuta (można zastąpić filety z lucjana), pokrojonych w kostkę o grubości ¼ cala (6 mm)
- 1 funt (455 g) dużych krewetek (około 15 do 17 na funt), obranych, oczyszczonych, opłukanych i grubo posiekanych
- 1 szklanka (240 ml) świeżego soku z limonki
- ⅓ szklanki (15 g) drobno posiekanej świeżej kolendry
- 1 ½ szklanki (220 g) posiekanych pomidorków koktajlowych
- 1 średnia marchewka (2½ uncji/70 g), pokrojona w drobną kostkę
- 2 chili Serrano, usunięte łodygi i nasiona, drobno posiekane
- ½ szklanki (65 g) drobno posiekanej czerwonej cebuli
- 1 łyżka soli morskiej
- Na kremę habanero:
- 1 do 2 chili habanero, zwęglone (można grillować bezpośrednio nad płomieniem na płycie kuchennej)
- 1 łyżka świeżego soku z limonki
- Skórka z ½ limonki
- 1 łyżeczka soli morskiej
- Świeżo zmielony czarny pieprz
- 1 szklanka (240 ml) majonezu

DO SERWOWANIA:

- 12 tostad
- 1 awokado przekrojone na pół, pozbawione pestek, obrane i pokrojone w cienkie plasterki

INSTRUKCJE:

a) W dużej misce połącz halibuta, krewetki i sok z limonki i pozostaw owoce morza w marynacie na 20 minut. Odcedź i wylej cały sok z wyjątkiem ½ szklanki (120 ml). W tej samej misce dodaj kolendrę, pomidory, marchewkę, serrano, czerwoną cebulę i sól. Mieszaj delikatnie do połączenia. Schłodzić przez dodatkowe 20 minut.

b) W międzyczasie przygotuj kremę habanero: w robocie kuchennym zmiksuj zwęglone habanero, sok z limonki, skórkę z limonki, sól i pieprz, aż zostaną drobno posiekane. Dodaj majonez i puree, aż będzie gładkie; schładzaj do momentu podania lub do 30 minut przed podaniem.

c) Przed podaniem posmaruj każdą tostadę cienką warstwą majonezu kolendrowego.

d) Na wierzch połóż ceviche z owocami morza i udekoruj plasterkami awokado.

52.Salsa Habanero Mango

SKŁADNIKI:
- 2 dojrzałe mango, pokrojone w kostkę
- 1 papryczka habanero, pozbawiona nasion i drobno posiekana
- 1/2 czerwonej cebuli, drobno posiekanej
- 1/4 szklanki świeżej kolendry, posiekanej
- Sok z 1 limonki
- Sól dla smaku

INSTRUKCJE:
a) W misce wymieszaj pokrojone w kostkę mango, posiekaną paprykę habanero, posiekaną czerwoną cebulę i posiekaną kolendrę.
b) Wyciśnij sok z limonki na mieszaninę i wymieszaj.
c) Dopraw solą do smaku.
d) Przykryć i wstawić do lodówki na co najmniej 30 minut, aby smaki się przegryzły.
e) Salsę habanero mango podawaj z chipsami tortilla lub jako dodatek do grillowanej ryby lub kurczaka.

53. Habanero Poppersy Jalapeño Zawijane w Boczek

SKŁADNIKI:
- 12 papryczek jalapeño
- 6 plasterków boczku przekrojonych na pół
- 4 uncje serka śmietankowego, zmiękczonego
- 1 papryczka habanero, pozbawiona nasion i drobno posiekana
- Sól i pieprz do smaku
- Wykałaczki

INSTRUKCJE:
a) Rozgrzej piekarnik do 190°C i wyłóż blachę do pieczenia papierem pergaminowym.
b) Papryczki jalapeño przekrój wzdłuż na pół, usuń nasiona i błony.
c) W misce wymieszaj miękki serek śmietankowy, posiekaną paprykę habanero, sól i pieprz.
d) Napełnij każdą połówkę jalapeño mieszanką serka śmietankowego.
e) Każde nadziewane papryczki jalapeño owinąć połową plasterka boczku i zabezpieczyć wykałaczką.
f) Umieść owinięte w boczek poppersy jalapeño na przygotowanej blasze do pieczenia.
g) Piec w nagrzanym piekarniku przez 20-25 minut lub do momentu, aż boczek będzie chrupiący, a papryka miękka.
h) Wyjąć z piekarnika i przed podaniem lekko ostudzić.

54. Grzyby Nadziewane Serem Habanero

SKŁADNIKI:
- 12 dużych grzybów, usunięto łodygi
- 4 uncje serka śmietankowego, zmiękczonego
- 1 papryczka habanero, pozbawiona nasion i drobno posiekana
- 1/4 szklanki startego parmezanu
- 2 łyżki posiekanej świeżej natki pietruszki
- Sól i pieprz do smaku
- Oliwa z oliwek do skropienia

INSTRUKCJE:
a) Rozgrzej piekarnik do 190°C i wyłóż blachę do pieczenia papierem pergaminowym.
b) W misce wymieszaj miękki serek śmietankowy, posiekaną paprykę habanero, starty parmezan, posiekaną natkę pietruszki, sól i pieprz.
c) Włóż mieszaninę serka śmietankowego do wnęki każdego kapelusza grzyba.
d) Na przygotowaną blachę do pieczenia ułóż nadziewane grzyby.
e) Skropić oliwą z oliwek i piec w nagrzanym piekarniku przez 15-20 minut lub do momentu, aż grzyby będą miękkie, a ser złocisty i musujący.
f) Wyjąć z piekarnika i przed podaniem lekko ostudzić.

55. Skrzydełka z kurczaka w glazurze miodowej Habanero

SKŁADNIKI:
- 2 funty skrzydełek z kurczaka, rozdzielonych na złączach, z usuniętymi końcówkami
- Sól i pieprz do smaku
- 1 papryczka habanero, pozbawiona nasion i drobno posiekana
- 1/4 szklanki miodu
- 2 łyżki sosu sojowego
- 2 łyżki octu jabłkowego
- 1 łyżka oliwy z oliwek
- Opcjonalny dodatek: posiekana świeża kolendra lub zielona cebula

INSTRUKCJE:
a) Rozgrzej piekarnik do 200°C i wyłóż blachę do pieczenia folią aluminiową.
b) Dopraw skrzydełka kurczaka solą i pieprzem, a następnie ułóż je w jednej warstwie na przygotowanej blasze do pieczenia.
c) W małej misce wymieszaj posiekaną papryczkę habanero, miód, sos sojowy, ocet jabłkowy i oliwę z oliwek, aby przygotować glazurę.
d) Posmaruj skrzydełka kurczaka miodową glazurą habanero, równomiernie je pokrywając.
e) Piec w nagrzanym piekarniku przez 40-45 minut, przewracając w połowie lub do momentu, aż skrzydełka staną się złotobrązowe i upieczone.
f) Wyjąć z piekarnika i przed podaniem lekko ostudzić.
g) W razie potrzeby udekoruj posiekaną świeżą kolendrą lub zieloną cebulą.

DANIE GŁÓWNE

56.Kurczak w glazurze Habanero

SKŁADNIKI:
- 4 piersi z kurczaka bez kości i skóry
- Sól i pieprz do smaku
- 2 łyżki oliwy z oliwek
- 2 papryczki habanero, pozbawione nasion i drobno posiekane
- 3 ząbki czosnku, posiekane
- 1/4 szklanki miodu
- 2 łyżki sosu sojowego
- 1 łyżka soku z limonki
- 1 łyżeczka startego imbiru
- Posiekana świeża kolendra do dekoracji

INSTRUKCJE:
a) Piersi z kurczaka dopraw solą i pieprzem z obu stron.
b) Rozgrzej oliwę z oliwek na dużej patelni na średnim ogniu. Dodaj piersi z kurczaka i smaż przez około 5-6 minut z każdej strony lub do momentu, aż będą złociste i ugotowane. Zdejmij z patelni i odłóż na bok.
c) Na tej samej patelni dodaj posiekaną papryczkę habanero i przeciśnięty przez praskę czosnek. Gotuj przez około 1-2 minuty, aż zacznie pachnieć.
d) Wymieszaj miód, sos sojowy, sok z limonki i starty imbir. Doprowadzić do wrzenia i gotować kolejne 2-3 minuty, często mieszając, aż sos lekko zgęstnieje.
e) Włóż piersi z kurczaka z powrotem na patelnię, równomiernie pokrywając je glazurą habanero. Gotuj jeszcze przez 2-3 minuty, pozwalając, aby smaki się połączyły.
f) Przed podaniem udekoruj posiekaną świeżą kolendrą. Podawaj gorącego kurczaka w glazurze habanero z ryżem, komosą ryżową lub pieczonymi warzywami.

57. Pikantne Tacos z krewetkami Habanero

SKŁADNIKI:
- 1 funt dużych krewetek, obranych i oczyszczonych
- Sól i pieprz do smaku
- 2 łyżki oliwy z oliwek
- 2 papryczki habanero, pozbawione nasion i drobno posiekane
- 3 ząbki czosnku, posiekane
- 1/4 szklanki posiekanej świeżej kolendry
- Sok z 1 limonki
- 8 małych tortilli kukurydzianych lub pszennych
- Opcjonalne dodatki: szatkowana kapusta, pokrojone w kostkę awokado, plasterki rzodkiewki, kwaśna śmietana, ćwiartki limonki

INSTRUKCJE:
a) Dopraw krewetki solą i pieprzem.
b) Rozgrzej oliwę z oliwek na dużej patelni na średnim ogniu. Dodaj krewetki i smaż przez około 2-3 minuty z każdej strony lub do momentu, aż będą różowe i nieprzezroczyste. Zdejmij z patelni i odłóż na bok.
c) Na tej samej patelni dodaj posiekaną papryczkę habanero i przeciśnięty przez praskę czosnek. Gotuj przez około 1-2 minuty, aż zacznie pachnieć.
d) Ugotowane krewetki włóż z powrotem na patelnię i dodaj posiekaną kolendrę i sok z limonki. Wymieszaj, aby krewetki równomiernie pokryły się mieszanką habanero. Gotuj przez kolejne 1-2 minuty, od czasu do czasu mieszając.
e) Podgrzej tortille na suchej patelni lub w kuchence mikrofalowej.
f) Ostre krewetki habanero równomiernie rozłóż pomiędzy tortillami. Na wierzch połóż posiekaną kapustę, pokrojone w kostkę awokado, pokrojone w plasterki rzodkiewki i, według uznania, odrobinę kwaśnej śmietany.
g) Podawaj gorące tacos z krewetkami habanero, w towarzystwie kawałków limonki do wyciśnięcia na wierzch.

58. Smażona wołowina Habanero

SKŁADNIKI:
- 1 funt polędwicy wołowej, pokrojonej w cienkie plasterki
- 2 łyżki sosu sojowego
- 1 łyżka skrobi kukurydzianej
- 2 łyżki oliwy z oliwek
- 2 papryczki habanero, pozbawione nasion i pokrojone w cienkie plasterki
- 1 papryka, pokrojona w cienkie plasterki
- 1 cebula, pokrojona w cienkie plasterki
- 2 ząbki czosnku, posiekane
- 1 łyżka startego imbiru
- 2 łyżki sosu hoisin
- Ugotowany ryż lub makaron do podania
- Posiekana zielona cebula do dekoracji

INSTRUKCJE:
a) W misce wymieszaj pokrojoną wołowinę z sosem sojowym i skrobią kukurydzianą. Dobrze wymieszaj i pozostaw do marynowania na około 15-20 minut.
b) Rozgrzej oliwę z oliwek na dużej patelni lub w woku na dużym ogniu. Dodaj marynowane plastry wołowiny i smaż mieszając przez około 2-3 minuty, aż się zarumienią. Zdejmij z patelni i odłóż na bok.
c) Na tej samej patelni dodaj pokrojoną w plasterki paprykę habanero, paprykę i cebulę. Smażymy około 2-3 minuty, aż warzywa będą chrupiące.
d) Na patelnię dodaj posiekany czosnek i starty imbir. Gotuj przez kolejne 1-2 minuty, aż zacznie pachnieć.
e) Ugotowaną wołowinę włóż z powrotem na patelnię i dodaj sos hoisin. Smaż wszystko razem przez kolejne 1-2 minuty, tak aby wołowina i warzywa równomiernie pokryły się sosem.
f) Podawaj smażoną wołowinę habanero na gorąco z ugotowanym ryżem lub makaronem. Przed podaniem udekoruj posiekaną zieloną cebulą.

59. Lasagne Habanero

SKŁADNIKI:
- 9 makaronów lasagne
- 1 funt mielonej wołowiny (lub mielonego indyka, jeśli wolisz)
- 1 cebula, drobno posiekana
- 3 ząbki czosnku, posiekane
- 1 papryczka habanero, nasiona usunięte i drobno posiekane
- 1 puszka (14 uncji) pokrojonych w kostkę pomidorów
- 2 szklanki sosu pomidorowego
- 1 łyżeczka suszonego oregano
- 1 łyżeczka suszonej bazylii
- 1 łyżeczka mielonego kminku
- Sól i pieprz do smaku
- 2 szklanki startego sera mozzarella
- Liście świeżej kolendry do dekoracji

INSTRUKCJE:

a) Rozgrzej piekarnik do 190°C (375°F).
b) Makaron lasagne ugotuj zgodnie z instrukcją na opakowaniu. Odcedź i odłóż na bok.
c) Na dużej patelni podsmaż mieloną wołowinę na średnim ogniu, aż się zrumieni. Usuń nadmiar tłuszczu.
d) Na patelnię dodaj posiekaną cebulę, przeciśnięty przez praskę czosnek i posiekaną papryczkę habanero. Smażyć, aż cebula stanie się przezroczysta, a papryka zmięknie.
e) Na patelnię dodać pokrojone w kostkę pomidory, sos pomidorowy, suszone oregano, suszoną bazylię, mielony kminek, sól i pieprz. Dobrze wymieszaj, aby połączyć.
f) Gotuj mieszaninę przez około 10 minut, pozwalając, aby smaki się połączyły.
g) W natłuszczonym naczyniu do pieczenia o wymiarach 9 x 13 cali rozprowadź warstwę sosu mięsnego. Na wierzch połóż warstwę ugotowanego makaronu lasagne. Powtarzaj warstwy, kończąc warstwą sosu mięsnego na wierzchu.
h) Wierzchnią warstwę sosu posyp równomiernie startym serem mozzarella.
i) Przykryj naczynie do pieczenia folią i piecz w nagrzanym piekarniku przez 25 minut. Następnie zdejmij folię i piecz przez kolejne 10 minut lub do momentu, aż ser się roztopi i zarumieni.
j) Wyjąć z piekarnika i pozostawić do ostygnięcia na kilka minut przed podaniem.
k) Udekoruj świeżymi liśćmi kolendry i podawaj ciepłą lasagne Habanero.

60. Cilantrito (Cilantro Burrito)

SKŁADNIKI:
- ½ funta suchej czarnej fasoli
- ½ funta suchej fasoli pinto
- ½ funta suszonej fasoli
- 30 muszli tortilli
- 10 szalotek; mielony
- ¾ funta Grzyby; mielony
- 2 papryczki cubanelle; mielony
- ½ opakowania kuskusu pełnoziarnistego; gotowany
- Ostry sos na bazie habanero
- Sok cytrynowy
- Pasta z czerwonej papryki lub tabasco
- Kolendra
- 1 łyżka sosu Habanero
- 2 łyżki pasty z czerwonej papryki
- 1 łyżka kminku
- 1 łyżka soku z cytryny
- 1 łyżka masła

INSTRUKCJE:
a) Fasolę namoczyć na noc, ugotować do miękkości.
b) Dodać sos habanero, pastę z czerwonej papryki, kminek i sok z cytryny.
c) Na dużą patelnię teflonową dodaj: dodaj 1 łyżkę masła/
d) Podgrzej, a następnie usmaż w nim grzyby i cubanelle.
e) Przygotuj osobne miski do mieszania grzybów/papryki; szalotki; kolendry, kuskusu i jeszcze jeden na wodę i jeden na mieszankę fasoli.
f) Weź tortillę, Nuke ją przez 35 sekund na wysokim poziomie. Wyjmij, połóż na drewnianym bloku rzeźniczym, posmaruj wodą, przewróć, posmaruj wodą. Ja używam po jednej dłoni wody z każdej strony.
g) Teraz umieść 2-3 czubate łyżeczki fasoli w linii ⅓ od jednej krawędzi.
h) Dodaj 1 łyżeczkę kolendry, szalotki, grzybów i 1 łyżkę. kuskus. Obróć raz, złóż krawędzie i zakończ wałkowanie.

61. Grillowane warzywa z dipem Pipián

SKŁADNIKI:

DO dipu:
- 1 habanero, usunięta łodyga
- 4 ząbki czosnku, obrane
- 3 czerwone papryki (300 g każda), usunięte łodygi i nasiona
- 2 duże pomidory tradycyjne lub pomidory z winorośli (14 uncji/400 g)
- 1 kromka chleba na zakwasie
- ½ szklanki (120 ml) oleju z pestek winogron
- ½ szklanki (120 ml) oliwy z oliwek
- 1 szklanka (140 g) surowych migdałów, lekko uprażonych na patelni na płycie kuchennej
- ¼ szklanki (60 ml) czerwonego octu winnego
- 2 łyżeczki soli morskiej

DO WARZYW:
- 8 uncji (225 g) marchewki tradycyjnej, przyciętej i obranej
- ½ żółtej dyni z odciętą zdrewniałą końcówką
- 8 uncji (225 g) szparagów, odłamane zdrewniałe końcówki
- 8 uncji (225 g) calabacita (meksykańska dynia letnia; może zastąpić cukinię), pokrojonej na ćwiartki
- ¼ szklanki (60 ml) oliwy z oliwek
- 1 łyżka soli morskiej
- 1 łyżka świeżo zmielonego czarnego pieprzu

INSTRUKCJE:

a) Uruchom grill węglowy lub gazowy. Gaz powinien być ustawiony na wysoki. Jeśli używasz grilla na pellet, rozgrzej go do 220°C (425°F) przez co najmniej 15 minut. Jeśli używasz węgla drzewnego, węgle powinny być czerwone, ale całkowicie pokryte szarym popiołem.

b) Zrób dip: zawiń habanero i czosnek w kwadratowy arkusz folii aluminiowej. Połóż paprykę, pomidory i chleb bezpośrednio na grillu wraz z zawiniętymi habanero i czosnkiem. Grilluj chleb, aż się zwęgli, około minuty lub dwóch z każdej strony. Grilluj paprykę i pomidory przez około 10 minut, ciągle przewracając, aż się zwęgli.

Habanero i czosnek zmiękną po około 10 minutach. Zdejmij z grilla, odłóż na bok.

c) W robocie kuchennym zmiksuj habanero, czosnek, paprykę, pomidory, chleb, pestki winogron i oliwę z oliwek, migdały, ocet i sól, aż konsystencja będzie przypominać pastę.
d) Przygotuj warzywa: W dużej misce wymieszaj marchewkę, żółtą dynię, szparagi i calabacitę z oliwą z oliwek, solą i pieprzem.
e) Warzywa ułożyć bezpośrednio na grillu i grillować przez około 10 minut, ciągle przewracając, aż się zwęgli.
f) Podawaj warzywa na ciepło z dipem z boku.

62.Żeberka Habanero BBQ

SKŁADNIKI:
- 2 ruszty żeberek wieprzowych
- Sól i pieprz do smaku
- 2 łyżki oliwy z oliwek
- 2 papryczki habanero, pozbawione nasion i drobno posiekane
- 3 ząbki czosnku, posiekane
- 1 szklanka sosu BBQ
- 1/4 szklanki miodu
- 2 łyżki octu jabłkowego
- 1 łyżka sosu Worcestershire
- Posiekana świeża kolendra do dekoracji

INSTRUKCJE:
a) Rozgrzej piekarnik do 165°C (325°F).
b) Dopraw żeberka wieprzowe solą i pieprzem z obu stron.
c) Na patelni rozgrzej oliwę z oliwek na średnim ogniu. Dodaj posiekaną paprykę habanero i posiekany czosnek i smaż przez 1-2 minuty, aż zaczną wydzielać aromat.
d) Wymieszaj sos BBQ, miód, ocet jabłkowy i sos Worcestershire. Gotuj na wolnym ogniu przez 2-3 minuty, następnie zdejmij z ognia.
e) Przyprawione żeberka ułożyć na blasze wyłożonej folią aluminiową. Posmaruj żeberka sosem habanero BBQ, zachowując trochę do posmarowania.
f) Żeberka przykryj kolejnym arkuszem folii aluminiowej i piecz w nagrzanym piekarniku przez 2-2,5 godziny lub do momentu, aż mięso będzie miękkie i zacznie odchodzić od kości.
g) Zdejmij górną warstwę folii i posmaruj żeberka pozostałym sosem habanero BBQ. Zwiększ temperaturę piekarnika do 200°C i piecz przez dodatkowe 10-15 minut lub do momentu, aż sos będzie karmelizowany i lepki.
h) Przed podaniem udekoruj posiekaną świeżą kolendrą. Podawaj gorące żeberka BBQ habanero z ulubionymi dodatkami.

63. Habanero Mac I Ser

SKŁADNIKI:
- 8 uncji makaronu łokciowego lub makaronu do wyboru
- 4 łyżki niesolonego masła
- 1/4 szklanki mąki uniwersalnej
- 2 szklanki mleka
- 2 szklanki posiekanego ostrego sera Cheddar
- 1 papryczka habanero, pozbawiona nasion i drobno posiekana
- Sól i pieprz do smaku
- 1/2 szklanki bułki tartej
- Posiekana świeża pietruszka do dekoracji

INSTRUKCJE:
a) Rozgrzej piekarnik do 175°C i natłuść naczynie do pieczenia.
b) Makaron łokciowy ugotuj zgodnie z instrukcją na opakowaniu, aż będzie al dente. Odcedź i odłóż na bok.
c) W rondlu rozpuść masło na średnim ogniu. Dosyp mąkę i gotuj przez 1-2 minuty, aż powstanie zasmażka.
d) Stopniowo dodawaj mleko, aż masa będzie gładka i gęsta.
e) Mieszaj z pokrojonym serem cheddar, aż się rozpuści i będzie gładki.
f) Do sosu serowego dodaj posiekaną papryczkę habanero, sól i pieprz, dostosowując temperaturę do swoich preferencji.
g) Ugotowany makaron połączyć z sosem z sera habanero, następnie przełożyć do przygotowanego naczynia do zapiekania.
h) Posyp bułką tartą wierzch makaronu i sera.
i) Piec w nagrzanym piekarniku przez 25-30 minut lub do momentu, aż bułka tarta będzie złotobrązowa, a ser zacznie musować.
j) Przed podaniem udekoruj posiekaną świeżą pietruszką. Podawaj makaron habanero z serem na gorąco jako pyszne i pikantne danie główne.

64. Smażona wieprzowina Habanero

SKŁADNIKI:
- 1 funt polędwicy wieprzowej, pokrojonej w cienkie plasterki
- Sól i pieprz do smaku
- 2 łyżki sosu sojowego
- 1 łyżka skrobi kukurydzianej
- 2 łyżki oliwy z oliwek
- 2 papryczki habanero, pozbawione nasion i pokrojone w cienkie plasterki
- 1 czerwona papryka, pokrojona w cienkie plasterki
- 1 żółta papryka, pokrojona w cienkie plasterki
- 1 cebula, pokrojona w cienkie plasterki
- 2 ząbki czosnku, posiekane
- 1 łyżka startego imbiru
- 2 łyżki sosu hoisin
- Ugotowany ryż do podania
- Posiekana zielona cebula do dekoracji

INSTRUKCJE:
a) W misce wymieszaj pokrojoną w plasterki wieprzowinę z sosem sojowym i skrobią kukurydzianą. Dobrze wymieszaj i pozostaw do marynowania na około 15-20 minut.

b) Rozgrzej oliwę z oliwek na dużej patelni lub w woku na dużym ogniu. Dodaj marynowane plastry wieprzowiny i smaż mieszając przez około 2-3 minuty, aż się zarumienią. Zdejmij z patelni i odłóż na bok.

c) Na tej samej patelni dodaj pokrojone w plasterki papryczki habanero, paprykę i cebulę. Smażymy około 2-3 minuty, aż warzywa będą chrupiące.

d) Na patelnię dodaj posiekany czosnek i starty imbir. Gotuj przez kolejne 1-2 minuty, aż zacznie pachnieć.

e) Usmażoną wieprzowinę włóż z powrotem na patelnię i dodaj sos hoisin. Smaż wszystko razem przez kolejne 1-2 minuty, tak aby wieprzowina i warzywa równomiernie pokryły się sosem.

f) Podawaj smażoną wieprzowinę habanero na gorąco z ugotowanym ryżem. Przed podaniem udekoruj posiekaną zieloną cebulą.

65. Habanero Veggie Fajitas

SKŁADNIKI:
- 2 łyżki oliwy z oliwek
- 2 papryki (dowolny kolor), pokrojone w cienkie plasterki
- 1 duża cebula, pokrojona w cienkie plasterki
- 2 papryczki habanero, pozbawione nasion i pokrojone w cienkie plasterki
- 1 łyżeczka mielonego kminku
- 1 łyżeczka chili w proszku
- Sól i pieprz do smaku
- 8 małych tortilli pszennych
- Dodatki do wyboru: salsa, guacamole, śmietana, ser tarty, posiekana kolendra

INSTRUKCJE:
a) Rozgrzej oliwę z oliwek na dużej patelni na średnim ogniu. Na patelnię dodaj pokrojoną w plasterki paprykę, cebulę i papryczki habanero.
b) Posyp warzywa mielonym kminkiem, chili, solą i pieprzem. Smażymy około 5-7 minut, aż warzywa będą miękkie i lekko skarmelizowane.
c) Podgrzej tortille z mąki na suchej patelni lub w kuchence mikrofalowej.
d) Rozłóż ugotowane warzywa równomiernie pomiędzy tortillami.
e) Podawaj habanero wegetariańskie fajitas na gorąco z wybranymi dodatkami, takimi jak salsa, guacamole, kwaśna śmietana, tarty ser i posiekana kolendra.

DESER

66. kanapki z lodami Mango Habanero

SKŁADNIKI:
- 1 ½ szklanki mąki uniwersalnej
- ½ łyżeczki sody oczyszczonej
- ¼ łyżeczki soli
- ½ szklanki niesolonego masła, zmiękczonego
- ½ szklanki granulowanego cukru
- ½ szklanki brązowego cukru pudru
- 1 duże jajko
- 1 łyżeczka ekstraktu waniliowego
- 1 dojrzałe mango, obrane i pokrojone w kostkę
- 1 papryczka habanero, pozbawiona nasion i posiekana
- 1-litrowe lody mango lub waniliowe

INSTRUKCJE:
a) Rozgrzej piekarnik do 190°C i wyłóż blachę do pieczenia papierem pergaminowym.
b) W misce wymieszaj mąkę, sodę oczyszczoną i sól.
c) W osobnej misce utrzyj miękkie masło, cukier granulowany i brązowy cukier na jasną i puszystą masę. Dodaj jajko i ekstrakt waniliowy i mieszaj, aż dobrze się połączą.
d) Stopniowo dodawaj suche składniki do masy maślanej i mieszaj, aż się połączą. Wymieszaj pokrojone w kostkę mango i posiekaną paprykę habanero.
e) Na przygotowaną blachę do pieczenia nakładać zaokrąglone łyżki ciasta, zachowując odstępy około 2 cali. Każdą kulkę ciasta lekko spłaszcz dłonią.
f) Piec przez 10-12 minut lub do momentu, aż krawędzie staną się złotobrązowe. Pozwól ciastkom całkowicie ostygnąć.
g) Weź gałkę lodów mango lub waniliowych i włóż ją pomiędzy dwa ciasteczka.
h) Przed podaniem kanapki z lodami włóż do zamrażarki na co najmniej 1 godzinę, aby stwardniały.

67. Habanero i Colby Jack Flan

SKŁADNIKI:
- 1 9-calowa tarta
- 1 szklanka gęstej śmietanki
- ½ szklanki pełnego mleka
- ¾ szklanki startego sera Colby Jack
- 4 duże jajka
- 1 papryczka habanero, pozbawiona nasion i drobno posiekana

INSTRUKCJE:
a) Rozgrzej piekarnik do 350°F. W dużej misce wymieszaj śmietanę, mleko, starty ser Colby jack, jajka i drobno posiekaną papryczkę habanero.
b) Wlać mieszaninę na przygotowany spód tarty i piec przez 40-45 minut lub do momentu, aż środek się zetnie. Przed podaniem ostudź całkowicie.

68. Ciasteczka Habanero Limonkowe Z Kremem Kokosowym I Ananasem

SKŁADNIKI:
- 2 filiżanki mąki uniwersalnej
- ¼ szklanki granulowanego cukru
- 2 łyżeczki proszku do pieczenia
- ½ łyżeczki soli
- 1 papryczka habanero, nasiona usunięte i drobno posiekane
- Skórka z 2 limonek
- ½ szklanki niesolonego masła, zimnego i pokrojonego na małe kawałki
- ⅔ szklanki mleka
- 1 szklanka gęstej śmietanki
- 2 łyżki cukru pudru
- ½ łyżeczki ekstraktu waniliowego
- 1 szklanka pokrojonego w kostkę ananasa

INSTRUKCJE:

a) Rozgrzej piekarnik do 220°C (425°F). Blachę do pieczenia wyłóż papierem pergaminowym.
b) W dużej misce wymieszaj mąkę, cukier, proszek do pieczenia, sól, posiekaną paprykę habanero i skórkę z limonki.
c) Dodaj zimne masło do suchych składników i za pomocą noża do ciasta lub palców pokrój je, aż mieszanina będzie przypominać grube okruchy.
d) Stopniowo wlewaj mleko, delikatnie mieszając, aż ciasto się połączy.
e) Ciasto przełożyć na lekko posypaną mąką powierzchnię i zagnieść kilka razy, aż będzie gładkie. Rozwałkuj ciasto na grubość około ½ cala.
f) Za pomocą okrągłej foremki do ciastek wycinaj ciasteczka i układaj je na przygotowanej blasze.
g) Piec przez około 12-15 minut lub do złotego koloru. Pozwól im całkowicie ostygnąć.
h) W schłodzonej misce ubijaj ciężką śmietanę, aż utworzą się miękkie szczyty. Wymieszaj cukier puder i ekstrakt waniliowy.
i) Podziel ciasteczka poziomo na pół. Na każdą dolną połowę nałóż pokrojonego w kostkę ananasa.
j) Na wierzch połóż porcję kremu kokosowego, a na wierzch połóż drugą połowę. Podawaj i ciesz się.

69. Trufle Czekoladowe Habanero

SKŁADNIKI:
- 8 uncji ciemnej czekolady, drobno posiekanej
- 1/2 szklanki gęstej śmietanki
- 1 papryczka habanero przekrojona na pół i usunięta z nasion
- Kakao w proszku lub cukier puder do posypania

INSTRUKCJE:
a) W małym rondlu podgrzej śmietanę i pieprz habanero na średnim ogniu, aż zacznie się gotować. Zdjąć z ognia i pozostawić paprykę w śmietanie na około 10 minut.
b) Odcedź śmietanę, aby usunąć połówki papryczki habanero, następnie włóż ją z powrotem do rondla i podgrzej, aż zacznie się gotować.
c) Do żaroodpornej miski włóż posiekaną gorzką czekoladę. Gorącą śmietanką zalać czekoladę i odstawić na 1-2 minuty.
d) Wymieszaj czekoladę i śmietanę, aż masa będzie gładka i dobrze połączona.
e) Przykryj miskę folią i wstaw do lodówki na 2-3 godziny lub do czasu, aż mieszanina będzie wystarczająco twarda, aby można ją było łatwo unieść.
f) Po schłodzeniu za pomocą łyżki lub wyciskarki do melonów nabieraj porcje masy czekoladowej i uformuj kulki.
g) Trufle obtaczamy w kakao lub cukrze pudrze, tak aby je pokryły.
h) Przechowuj trufle czekoladowe habanero w lodówce do momentu podania.

70. Sorbet ananasowy Habanero

SKŁADNIKI:
- 2 szklanki kawałków ananasa (świeżego lub z puszki)
- 1/2 szklanki cukru
- Sok z 1 limonki
- 1 papryczka habanero, pozbawiona nasion i drobno posiekana
- 1/4 szklanki wody

INSTRUKCJE:
a) W blenderze wymieszaj kawałki ananasa, cukier, sok z limonki, paprykę habanero i wodę.
b) Mieszaj, aż będzie gładka.
c) Wlać mieszaninę do płytkiego naczynia i zamrażać przez 2-3 godziny, mieszając co 30 minut widelcem, aby rozbić ewentualne kryształki lodu.
d) Gdy sorbet zamarznie i uzyska puszystą konsystencję, przekładamy go do szczelnego pojemnika i zamrażamy na kolejne 1-2 godziny, aż stwardnieje.
e) Podawaj sorbet ananasowy habanero w miseczkach lub szklankach, udekorowany plasterkiem świeżego ananasa lub plasterkiem limonki, jeśli chcesz.

71. Ciasteczka Habanero z kawałkami czekolady

SKŁADNIKI:
- 1 Mąkę o wszechstronnym przeznaczeniu
- 1/2 łyżeczki sody oczyszczonej
- 1/4 łyżeczki soli
- 1/2 szklanki niesolonego masła, zmiękczonego
- 1/2 szklanki granulowanego cukru
- 1/4 szklanki brązowego cukru
- 1 jajko
- 1 łyżeczka ekstraktu waniliowego
- 1 papryczka habanero, pozbawiona nasion i drobno posiekana
- 1 szklanka półsłodkich kawałków czekolady

INSTRUKCJE:
a) Rozgrzej piekarnik do 175°C i wyłóż blachę do pieczenia papierem pergaminowym.
b) W małej misce wymieszaj mąkę, sodę oczyszczoną i sól. Odłożyć na bok.
c) W dużej misce utrzyj miękkie masło, cukier granulowany i brązowy cukier na jasną i puszystą masę.
d) Ubij jajko i ekstrakt waniliowy, aż dobrze się połączą.
e) Stopniowo dodawaj suche składniki do mokrych, mieszaj, aż powstanie ciasto.
f) Dodaj posiekaną papryczkę habanero i półsłodkie kawałki czekolady, aż równomiernie rozprowadzą się po cieście.
g) Na przygotowaną blachę do pieczenia nakładaj łyżką ciasto, zachowując odstępy około 2 cali.
h) Piec w nagrzanym piekarniku przez 10-12 minut lub do momentu, aż krawędzie będą złotobrązowe.
i) Pozostaw ciasteczka na blasze do ostygnięcia na kilka minut, a następnie przenieś je na metalową kratkę, aby całkowicie ostygły.

72. Odwrócone ciasto ananasowe Habanero

SKŁADNIKI:
- 1/4 szklanki niesolonego masła
- 1/2 szklanki brązowego cukru
- 1 papryczka habanero, pokrojona w cienkie plasterki
- 1 szklanka kawałków ananasa (świeżego lub z puszki)
- 1 Mąkę o wszechstronnym przeznaczeniu
- 1 łyżeczka proszku do pieczenia
- 1/4 łyżeczki soli
- 1/2 szklanki niesolonego masła, zmiękczonego
- 3/4 szklanki granulowanego cukru
- 2 jajka
- 1 łyżeczka ekstraktu waniliowego
- 1/4 szklanki mleka

INSTRUKCJE:

a) Rozgrzej piekarnik do 175°C (350°F). Nasmaruj 9-calową okrągłą foremkę do ciasta.
b) W małym rondlu rozpuść 1/4 szklanki niesolonego masła na średnim ogniu. Mieszaj brązowy cukier, aż się rozpuści.
c) Na dno natłuszczonej formy do pieczenia wlać mieszaninę masła i cukru.
d) Ułóż pokrojoną w plasterki paprykę habanero i kawałki ananasa na wierzchu mieszanki masła i cukru, tworząc równą warstwę.
e) W średniej misce wymieszaj mąkę, proszek do pieczenia i sól. Odłożyć na bok.
f) W dużej misce utrzyj miękkie masło i granulowany cukier na jasną i puszystą masę.
g) Wbijaj jajka, jedno po drugim, a następnie ekstrakt waniliowy.
h) Stopniowo dodawaj suche składniki do mokrych, na zmianę z mlekiem i mieszaj, aż składniki się połączą.
i) Ciasto wylać na warstwę ananasa i habanero w formie do ciasta, równomiernie je rozprowadzając.
j) Piec w nagrzanym piekarniku przez 30-35 minut lub do momentu, aż wykałaczka wbita w środek będzie czysta.
k) Pozostaw ciasto do ostygnięcia w formie na 10 minut, a następnie przełóż je na talerz.
l) Podawaj ciasto ananasowe habanero do góry nogami na ciepło lub w temperaturze pokojowej.

73. Mus czekoladowy Habanero

SKŁADNIKI:
- 6 uncji posiekanej ciemnej czekolady
- 2 papryczki habanero przekrojone na pół i usunięte z nasion
- 1 szklanka gęstej śmietanki
- 2 łyżki granulowanego cukru
- 1 łyżeczka ekstraktu waniliowego
- Bita śmietana i wiórki czekoladowe do dekoracji (opcjonalnie)

INSTRUKCJE:
a) Do żaroodpornej miski włóż posiekaną gorzką czekoladę.
b) W małym rondlu podgrzej śmietanę i papryczki habanero na średnim ogniu, aż zacznie się gotować. Zdjąć z ognia i pozostawić paprykę w śmietanie na około 10 minut.
c) Odcedź śmietanę, aby usunąć połówki papryczki habanero, następnie włóż ją z powrotem do rondla i podgrzej, aż zacznie się gotować.
d) Gorącą śmietanką zalać posiekaną czekoladę i odstawić na 1-2 minuty.
e) Wymieszaj czekoladę i śmietanę, aż masa będzie gładka i dobrze połączona. Pozwól mieszaninie ostygnąć do temperatury pokojowej.
f) W osobnej misce ubić ciężką śmietankę z granulowanym cukrem i ekstraktem waniliowym, aż powstanie sztywna piana.
g) Delikatnie wymieszaj ubitą śmietanę z schłodzoną masą czekoladową, aż do całkowitego połączenia.
h) Rozłóż mus do szklanek i przechowuj w lodówce przez co najmniej 2 godziny lub do momentu, aż masa stężeje.
i) W razie potrzeby przed podaniem udekoruj bitą śmietaną i wiórkami czekoladowymi.

74. Lody Habanero Mango

SKŁADNIKI:
- 2 szklanki dojrzałych kawałków mango (świeże lub mrożone)
- 1 papryczka habanero, pozbawiona nasion i drobno posiekana
- 1 szklanka gęstej śmietanki
- 1/2 szklanki słodzonego skondensowanego mleka
- 1 łyżeczka ekstraktu waniliowego
- Szczypta soli

INSTRUKCJE:
a) Kawałki mango i posiekaną papryczkę habanero włóż do blendera lub robota kuchennego. Mieszaj, aż będzie gładka.
b) W misce wymieszaj puree z mango, gęstą śmietankę, słodzone mleko skondensowane, ekstrakt waniliowy i sól, aż dobrze się połączą.
c) Wlać mieszaninę do maszyny do lodów i ubijać zgodnie z instrukcją producenta, zwykle około 20-25 minut.
d) Przenieś ubite lody do pojemnika przeznaczonego do zamrażania i zamrażaj przez co najmniej 4 godziny lub do momentu, aż lody staną się twarde.
e) Podawaj gałki lodów habanero mango w miseczkach lub rożkach i ciesz się słodkim i pikantnym smakiem.

75. Batoniki Habanero z limonką

SKŁADNIKI:
- 1 1/2 szklanki okruszków krakersów graham
- 1/4 szklanki granulowanego cukru
- 1/2 szklanki niesolonego masła, roztopionego
- 1 puszka (14 uncji) słodzonego skondensowanego mleka
- 3 duże żółtka
- Skórka z 2 limonek
- 1/2 szklanki świeżego soku z limonki
- 1 papryczka habanero, pozbawiona nasion i drobno posiekana
- Bita śmietana do posypania (opcjonalnie)

INSTRUKCJE:

a) Rozgrzej piekarnik do 175°C (350°F). Nasmaruj formę do pieczenia o wymiarach 9 x 9 cali.

b) W misce wymieszaj okruchy krakersów graham, cukier granulowany i roztopione masło. Wciśnij mieszaninę na dno przygotowanej formy do pieczenia.

c) Ciasto pieczemy w nagrzanym piekarniku przez 10 minut. Wyjąć z piekarnika i pozostawić do lekkiego ostygnięcia.

d) W drugiej misce wymieszaj słodzone skondensowane mleko, żółtka, skórkę z limonki, sok z limonki i posiekaną paprykę habanero na gładką masę.

e) Na upieczony spód wylać masę limonkową i równomiernie ją rozprowadzić.

f) Włóż blachę z powrotem do piekarnika i piecz przez kolejne 15-20 minut lub do momentu, aż nadzienie się zetnie.

g) Pozwól batonom habanero lime pie ostygnąć do temperatury pokojowej, a następnie wstaw do lodówki na co najmniej 2 godziny lub do momentu, aż ostygną i staną się twarde.

h) Pokrój w kwadraty i podawaj z kleksem bitej śmietany na wierzchu, jeśli chcesz.

PRZYPRAWY

76. Miód Habanero

SKŁADNIKI:
- Dobrej jakości miód
- Chilli Habanero, pokrojone w plasterki i pozbawione nasion

INSTRUKCJE:
a) Włóż dobrej jakości miód do wysterylizowanych słoików i włóż do nich tyle habaneros, ile chcesz.
b) Usuń wszystkie pęcherzyki powietrza.
c) Okresowo odkręcaj nakrętki, aby uwolnić gazy i mieszaj.

77. Salsa z mchu morskiego Habanero

SKŁADNIKI:
"PASTA CEBULOWA"
- ¼ średniej czerwonej cebuli, posiekanej
- 1 łyżka świeżego jalapeño,
- ¼ szklanki posiekanej kolendry
- 1 łyżeczka pasty czosnkowej
- ½ łyżeczki soli morskiej
- ¼ łyżeczki kminku w proszku

SKŁADNIKI SALSY
- 2 szklanki posiekanych świeżych pomidorów
- 2 łyżeczki soku z limonki
- ¼ łyżeczki nektaru z agawy
- 1 łyżka żelu z mchu morskiego
- 1 mały kawałek papryczki habanero

INSTRUKCJE:
a) Najpierw przygotujemy naszą „pastę cebulową". Pomaga to salsie zachować maksymalny smak. Opłucz i posiekaj cebulę, papryczkę jalapeño i kolendrę w dużej misce lub desce do krojenia. Następnie dodaj pastę czosnkową, posyp solą morską i kminkiem wszystkie składniki.

b) Za pomocą mocnego widelca lub tłuczka do ziemniaków rozgnieć składniki tak bardzo, jak to możliwe, aż powstanie gęsta pasta.

c) Następnie chwyć robot kuchenny i dodaj pomidory, pastę, sok z limonki, nektar z agawy, żel z mchu morskiego i mały kawałek papryki habanero.

d) Miksuj w robocie kuchennym nie dłużej niż 1 minutę, aż wszystkie składniki zostaną całkowicie połączone. Podawaj natychmiast z chipsami tortilla lub na wegańskich tacos!

e) Tę wegańską salsę można przygotować wcześniej i przechowywać ją w lodówce przez około 5 do 7 dni. NIE zamraża dobrze.

78.Marmolada Ananasowo-Habanero

SKŁADNIKI:

- 1 średni ananas, obrany i wydrążony 2 papryczki chili habanero, pokrojone w cienkie plasterki
- 1 szklanka cukru
- Sok i otarta skórka z 2 limonek
- ¾ łyżeczki soli koszernej
- 3 łyżki białego octu

INSTRUKCJE:

a) Zetrzyj ananasa na dużych oczkach tarki umieszczonej w dużej misce. Zarezerwuj sok.
b) W dużym rondlu wymieszaj ananasa i jego sok z chilli, cukrem, sokiem z limonki i solą. Doprowadzić do wrzenia na średnim ogniu, następnie zmniejszyć ogień, aby utrzymać ogień na małym ogniu i dodać ocet. Gotuj, mieszając od czasu do czasu, aż mieszanina będzie wystarczająco gęsta, aby pokryć tył łyżki, od 8 do 10 minut. Zdejmij z ognia, dodaj skórkę z limonki i pozostaw do ostygnięcia.
c) Przechowywana w hermetycznym pojemniku w lodówce, marmolada zachowuje trwałość do 1 tygodnia.

79. Marmolada imbirowo-grejpfrutowa habanero

SKŁADNIKI:
- 4 różowe grejpfruty
- 1 papryczka habanero, drobno posiekana (w rękawiczkach)
- 2 łyżki świeżego imbiru, startego
- 6 szklanek cukru
- 6 szklanek wody

INSTRUKCJE:
a) Umyj i pokrój grejpfruty w cienkie plasterki.
b) W garnku wymieszaj plasterki grejpfruta, posiekane habanero, starty imbir, cukier i wodę. Gotuj, aż skórki będą miękkie.
c) Gotuj szybko, aż do osiągnięcia punktu wiązania.
d) Rozlać do wysterylizowanych słoików, zakręcić i ostudzić.

80.Marmolada Mango Habanero

SKŁADNIKI:
- 3 duże dojrzałe mango, obrane i pokrojone w kostkę
- 1-2 papryczki habanero, drobno posiekane (dostosuj do smaku)
- 4 limonki, sok i skórka
- 6 szklanek cukru
- 6 szklanek wody

INSTRUKCJE:
a) W garnku wymieszaj pokrojone w kostkę mango, posiekaną papryczkę habanero, sok i skórkę z limonki, cukier i wodę. Gotuj, aż mango będzie miękkie.
b) Gotuj szybko, aż do osiągnięcia punktu wiązania.
c) Rozlać do wysterylizowanych słoików, zakręcić i ostudzić.

81. Marmolada Malinowa Habanero Miętowa

SKŁADNIKI:
- 3 szklanki świeżych lub mrożonych malin
- 2 papryczki habanero, drobno posiekane
- 1/4 szklanki posiekanych świeżych liści mięty
- 6 szklanek cukru
- 6 szklanek wody

INSTRUKCJE:

a) W garnku wymieszaj maliny, posiekaną papryczkę habanero, posiekane liście mięty, cukier i wodę. Gotuj, aż maliny się rozpadną.
b) Gotuj szybko, aż do osiągnięcia punktu wiązania.
c) Rozlać do wysterylizowanych słoików, zakręcić i ostudzić.

82. Salsa De Piña Tatemada

SKŁADNIKI:
- 3 ząbki czosnku, obrane
- 1 duża czerwona cebula (10½ uncji/300 g), posiekana
- 1 średni ananas, obrany, wydrążony i pokrojony w plastry o grubości ¾ cala (2 cm)
- 2 chili habanero, usunięte łodygi
- 2 łyżki świeżego soku z limonki
- 1 łyżeczka soli morskiej i więcej w razie potrzeby
- ¼ szklanki (60 ml) oliwy z oliwek
- ½ szklanki (25 g) posiekanej świeżej pietruszki płaskolistnej

INSTRUKCJE:

a) Uruchom grill węglowy lub gazowy. Gaz powinien być ustawiony na wysoką wartość. Jeśli używasz grilla na pellet, rozgrzej go do 220°C (425°F) przez co najmniej 15 minut. Jeśli używasz węgla drzewnego, węgle powinny być czerwone, ale całkowicie pokryte szarym popiołem.

b) Owiń czosnek i czerwoną cebulę w osobne opakowania z folii aluminiowej. Umieść je na grillu, aż czosnek i cebula zmiękną, około 15 do 20 minut.

c) W międzyczasie połóż plasterki ananasa i habanero bezpośrednio na grillu. Gotuj, aż ananas przypiecze się równomiernie po obu stronach i skórka habaneros również się równomiernie przypiecze, około 5 do 10 minut. Obracaj co 2 do 4 minut, aby równomiernie się upiec. Gdy się zwęgli, zdejmij wszystko z grilla.

d) Na desce do krojenia pokrój grillowanego ananasa w kostkę o boku ¼ cala (6 mm). W misce wymieszaj ananasa z grillowaną cebulą i sokiem z limonki. Rezerwa.

e) Dodaj sól i czosnek do molcajete i zmiel, aż czosnek rozpuści się w pastę. Następnie powoli dodaj habaneros i oliwę z oliwek, kontynuując mielenie, aż pozostanie pasta.

f) Do miski z ananasem i cebulą dodaj pastę habanero, dodaj pietruszkę i wymieszaj. Spróbuj soli, w razie potrzeby dodaj więcej i podawaj.

83. Marynowane marchewki imbirowo-habanero

SKŁADNIKI:
- 12 uncji (około) marchewki
- 4 habanero
- 2 uncje świeżego imbiru, umytego i pokrojonego w cienkie monety
- 1 łyżka nasion gorczycy czarnej (lub dowolnej gorczycy)
- ½ łyżeczki czarnego pieprzu
- 1 szklanka destylowanego białego octu
- 1 szklanka wody
- ¼ łyżeczki drobnej soli morskiej
- Wyposażenie 1-litrowy słoik z pokrywką i średnim rondelkiem

INSTRUKCJE:
a) Dokładnie umyj 1-litrowy słoik z masonem gorącą wodą (zmywarka doskonale nadaje się do dezynfekcji słoika). Możesz go również ugotować, jeśli chcesz mieć pewność, że słoik jest w pełni zdezynfekowany.
b) Umyj marchewki (nie zawracam sobie głowy ich obieraniem), następnie odetnij łodygi lub końce i usuń wystające kawałki owłosionych włókien. Pokrój marchewki w słupki o grubości około ½ cala, a następnie odetnij dłuższe, tak aby zmieściły się wygodnie w słoiku. Czubkiem noża wytnij małe „X" na końcu kwiatowym (czyli nie na końcu łodygi) habaneros i wyrzuć łodygi.
c) Włóż imbir, habaneros, nasiona gorczycy i ziarna pieprzu do słoika z masonem. Dodaj słupki marchewki, w razie potrzeby mocno je wciskając, aby wszystkie się zmieściły.
d) W średnim rondlu zagotuj ocet, wodę i sól. Zdjąć z ognia i wlać gorący płyn bezpośrednio do słoika. Jeśli marchewki nie są całkowicie zanurzone, możesz je uzupełnić odrobiną octu, aż zostaną przykryte. Odczekaj, aż płyn osiągnie temperaturę pokojową, następnie zamknij pokrywkę i włóż do lodówki.
e) Pikle można zjeść od razu, ale są najlepsze po 24 godzinach i najlepiej smakują około 3 dnia.

84. Salsa Habanero Mango

SKŁADNIKI:
- 2 dojrzałe mango, pokrojone w kostkę
- 1 papryczka habanero, pozbawiona nasion i drobno posiekana
- 1/4 szklanki czerwonej cebuli, drobno posiekanej
- 1/4 szklanki świeżej kolendry, posiekanej
- Sok z 1 limonki
- Sól dla smaku

INSTRUKCJE:
a) W misce wymieszaj pokrojone w kostkę mango, posiekaną papryczkę habanero, posiekaną czerwoną cebulę, posiekaną kolendrę i sok z limonki.
b) Dobrze wymieszaj, aby połączyć.
c) Dopraw solą do smaku.
d) Przed podaniem przykryj i wstaw do lodówki na co najmniej 30 minut, aby smaki się przegryzły.

85. Habanero Aioli

SKŁADNIKI:
- 1/2 szklanki majonezu
- 1 łyżka soku z cytryny
- 1 ząbek czosnku, posiekany
- 1 papryczka habanero, pozbawiona nasion i drobno posiekana
- Sól i pieprz do smaku

INSTRUKCJE:

a) W małej misce wymieszaj majonez, sok z cytryny, posiekany czosnek i posiekaną paprykę habanero, aż dobrze się połączą.
b) Dopraw solą i pieprzem do smaku.
c) Przykryj i wstaw do lodówki na co najmniej 30 minut przed podaniem, aby smaki mogły się rozwinąć.

86. Dżem Habanero

SKŁADNIKI:
- 10 papryczek habanero, pozbawionych łodyg i posiekanych
- 2 szklanki granulowanego cukru
- 1 szklanka octu jabłkowego
- Sok z 1 cytryny
- Skórka z 1 cytryny
- 1/4 łyżeczki soli

INSTRUKCJE:

a) W rondelku wymieszaj posiekaną papryczkę habanero, cukier granulowany, ocet jabłkowy, sok z cytryny, skórkę z cytryny i sól.
b) Doprowadzić mieszaninę do wrzenia na średnim ogniu, od czasu do czasu mieszając.
c) Zmniejsz ogień do niskiego poziomu i pozwól mieszaninie gotować się przez około 15-20 minut lub do momentu, aż zgęstnieje i uzyska konsystencję przypominającą dżem.
d) Zdejmij z ognia i poczekaj, aż dżem habanero lekko ostygnie.
e) Przenieś dżem do wysterylizowanych słoików i poczekaj, aż całkowicie ostygnie przed zamknięciem.
f) Przechowywać w lodówce. Dżem habanero można przechowywać przez kilka tygodni.

87. Masło czosnkowe Habanero

SKŁADNIKI:
- 1/2 szklanki niesolonego masła, zmiękczonego
- 2 papryczki habanero, pozbawione nasion i drobno posiekane
- 3 ząbki czosnku, posiekane
- 1 łyżka posiekanej świeżej natki pietruszki
- 1 łyżeczka soku z cytryny
- Sól dla smaku

INSTRUKCJE:
a) W małej misce wymieszaj miękkie masło, posiekaną papryczkę habanero, posiekany czosnek, posiekaną świeżą pietruszkę i sok z cytryny.
b) Dobrze wymieszaj, aż wszystkie składniki zostaną równomiernie połączone.
c) Dopraw solą do smaku.
d) Przełóż masło czosnkowe habanero do małego naczynia.
e) Podawaj masło czosnkowe habanero w temperaturze pokojowej do grillowanych steków, owoców morza lub warzyw.

88. Chutney Ananasowy Habanero

SKŁADNIKI:
- 2 szklanki pokrojonego w kostkę ananasa
- 1 papryczka habanero, pozbawiona nasion i drobno posiekana
- 1/4 szklanki czerwonej cebuli, drobno posiekanej
- 2 łyżki octu jabłkowego
- 2 łyżki miodu
- 1 łyżeczka startego imbiru
- 1/4 łyżeczki mielonego cynamonu
- Szczypta soli

INSTRUKCJE:
a) W rondelku wymieszaj pokrojony w kostkę ananas, posiekaną papryczkę habanero, posiekaną czerwoną cebulę, ocet jabłkowy, miód, starty imbir, mielony cynamon i szczyptę soli.
b) Dobrze wymieszaj, aby połączyć.
c) Doprowadzić mieszaninę do wrzenia na średnim ogniu.
d) Zmniejsz ogień do małego i gotuj chutney przez około 15-20 minut, mieszając od czasu do czasu, aż zgęstnieje.
e) Zdejmij z ognia i przed podaniem poczekaj, aż chutney z ananasa habanero całkowicie ostygnie.
f) Przełożyć do wysterylizowanych słoików i przechowywać w lodówce. Będzie przechowywać przez kilka tygodni.

89. Sos limonkowy Habanero Cilantro

SKŁADNIKI:
- 1/4 szklanki świeżego soku z limonki
- 1/4 szklanki oliwy z oliwek
- 1 papryczka habanero, pozbawiona nasion i drobno posiekana
- 2 łyżki posiekanej świeżej kolendry
- 1 łyżka miodu
- 1 ząbek czosnku, posiekany
- Sól i pieprz do smaku

INSTRUKCJE:
a) W małej misce wymieszaj świeży sok z limonki, oliwę z oliwek, posiekaną paprykę habanero, posiekaną świeżą kolendrę, miód, posiekany czosnek, sól i pieprz, aż dobrze się połączą.
b) Doprawić do smaku, w razie potrzeby dodać więcej soli lub miodu.
c) Przykryj i przechowuj w lodówce sos habanero z kolendrą i limonką na co najmniej 30 minut przed podaniem, aby smaki się połączyły.
d) Przed użyciem ponownie wstrząśnij lub wymieszaj dressing, ponieważ z czasem składniki mogą się rozdzielić.

90.Habanero Mango Chutney

SKŁADNIKI:
- 2 szklanki pokrojonego w kostkę mango
- 1 papryczka habanero, pozbawiona nasion i drobno posiekana
- 1/4 szklanki czerwonej cebuli, drobno posiekanej
- 2 łyżki octu jabłkowego
- 2 łyżki brązowego cukru
- 1/2 łyżeczki mielonego kminku
- Szczypta soli

INSTRUKCJE:
a) W rondlu wymieszaj pokrojone w kostkę mango, posiekaną papryczkę habanero, posiekaną czerwoną cebulę, ocet jabłkowy, brązowy cukier, mielony kminek i szczyptę soli.
b) Dobrze wymieszaj, aby połączyć.
c) Doprowadzić mieszaninę do wrzenia na średnim ogniu.
d) Zmniejsz ogień do małego i gotuj chutney przez około 15-20 minut, mieszając od czasu do czasu, aż zgęstnieje.
e) Zdejmij z ognia i przed podaniem poczekaj, aż chutney habanero z mango całkowicie ostygnie.
f) Przełożyć do wysterylizowanych słoików i przechowywać w lodówce. Będzie przechowywać przez kilka tygodni.

NAPOJE

91.Toddies z rumem Habanero

SKŁADNIKI:
- 2 do 3 uncji zwykłego rumu
- 1 łyżeczka rumu Habanero
- Sok z ½ cytryny lub limonki
- 1 łyżka miodu
- Wrząca woda (do smaku)

Rum Habanero:
- Umieść dwa lub trzy pieczone habanero w małym słoiku i zalej rumem.

INSTRUKCJE:
a) Wymieszaj pierwsze trzy składniki w kubku lub żaroodpornym kubku.
b) Pozostałe składniki zalewamy wrzącą wodą i mieszamy do rozpuszczenia miodu.

92. Toblerone Gorąca Czekolada

SKŁADNIKI:
- 3 Trójkątne sztabki Toblerone
- ⅓ szklanki Słodka śmietanka
- 1 Habaneros, drobno posiekane

INSTRUKCJE
a) Na małym ogniu podgrzej śmietankę i rozpuść czekoladę.
b) Mieszaj często, aby uniknąć „gorących punktów".
c) Zmieniaj ilość kremu w zależności od pożądanej gęstości po ostygnięciu.
d) Gdy śmietanka i czekolada zostaną dobrze wymieszane, dodaj habaneros.
e) Studzimy i podajemy z kawałkami jabłek lub gruszek.

93. Habanero Mango Margarita

SKŁADNIKI:

- 2 uncje tequili
- 1 uncja potrójnej sekundy
- 1 uncja świeżego soku z limonki
- 1 uncja soku z mango
- 1/2 papryki habanero, pokrojonej w cienkie plasterki
- Kostki lodu
- Sól do rimmingu (opcjonalnie)
- Kawałki limonki do dekoracji

INSTRUKCJE:

a) Obrzeż szklankę do margarity solą (opcjonalnie), wkładając klin limonki wokół krawędzi i zanurzając go w soli.
b) W shakerze koktajlowym rozgnieć pokrojoną w cienkie plasterki papryczkę habanero, aby uwolnić jej smak.
c) Do shakera dodaj tequilę, triple sec, sok z limonki, sok z mango i garść kostek lodu.
d) Energicznie wstrząśnij, aż dobrze się schłodzi.
e) Przecedź mieszaninę do przygotowanej szklanki do margarity wypełnionej kostkami lodu.
f) Udekoruj cząstką limonki.
g) Ciesz się pikantną i owocową margaritą habanero mango!

94. Pikantne Ananasowe Habanero Mojito

SKŁADNIKI:
- 2 uncje białego rumu
- 1/2 papryki habanero, pokrojonej w cienkie plasterki
- 4-6 listków świeżej mięty
- 1 uncja świeżego soku z limonki
- 2 uncje soku ananasowego
- 1/2 uncji prostego syropu
- Soda klubowa
- Kawałki ananasa i gałązki mięty do dekoracji

INSTRUKCJE:
a) W szklance rozmieszaj cienko pokrojoną paprykę habanero i liście mięty, aby uwolnić ich aromat.
b) Napełnij szklankę kostkami lodu.
c) Dolać biały rum, sok ze świeżej limonki, sok ananasowy i syrop cukrowy.
d) Dobrze wymieszaj, aby połączyć.
e) Dopełnij drinka sodą klubową.
f) Udekoruj kawałkami ananasa i gałązkami mięty.
g) Podaj pikantne ananasowe habanero mojito i ciesz się orzeźwiającymi, a jednocześnie ognistymi smakami!

95. Lodówka do arbuza Habanero

SKŁADNIKI:
- 2 szklanki arbuza bez pestek, pokrojonego w kostkę
- 1/2 papryki habanero, pozbawionej nasion i posiekanej
- 1 łyżka miodu
- 1 łyżka świeżego soku z limonki
- Kostki lodu
- Woda gazowana lub woda gazowana
- Kawałki arbuza i plasterki limonki do dekoracji

INSTRUKCJE:
a) W blenderze połącz pokrojony w kostkę arbuz, posiekaną paprykę habanero, miód i sok z limonki.
b) Mieszaj, aż będzie gładka.
c) Przecedź mieszaninę przez sito o drobnych oczkach do dzbanka, aby usunąć miąższ.
d) Napełnij szklanki kostkami lodu.
e) Wlać przecedzoną mieszaninę arbuza do szklanek, wypełniając je do połowy.
f) Dopełnij wodą gazowaną lub wodą gazowaną.
g) Udekoruj każdą szklankę kawałkiem arbuza i plasterkiem limonki.
h) Delikatnie zamieszaj przed podaniem.
i) Ciesz się orzeźwiającą i pikantną lodówką z arbuza habanero!

96. Lemoniada Habanero

SKŁADNIKI:
- 1 szklanka świeżego soku z cytryny
- 4 szklanki wody
- 1/2 szklanki granulowanego cukru
- 1 papryczka habanero przekrojona na pół i usunięta z nasion
- Kostki lodu
- Plasterki cytryny i plasterki habanero do dekoracji

INSTRUKCJE:
a) W małym rondlu wymieszaj wodę, cukier granulowany i przekrojoną na pół papryczkę habanero.
b) Podgrzewać na średnim ogniu, od czasu do czasu mieszając, aż cukier się rozpuści.
c) Zdejmij z ognia i pozwól, aby prosty syrop z dodatkiem habanero ostygł do temperatury pokojowej. Następnie odcedź i wyrzuć połówki papryczki habanero.
d) W dzbanku wymieszaj świeży sok z cytryny, prosty syrop z dodatkiem habanero i zimną wodę. Dobrze wymieszać.
e) Napełnij szklanki kostkami lodu.
f) Wlać lemoniadę habanero na kostki lodu.
g) Udekoruj każdą szklankę plasterkiem cytryny i plasterkiem habanero.
h) Delikatnie zamieszaj przed podaniem.
i) Ciesz się pikantną i pikantną lemoniadą habanero!

97. Mojito Habanero Mango

SKŁADNIKI:
- 2 uncje białego rumu
- 1/2 limonki, pokrojonej w ósemki
- 6-8 listków świeżej mięty
- 1 uncja puree z mango habanero (przepis poniżej)
- 1 łyżka syropu prostego
- Soda klubowa
- lód

PRZECIER Z MANGO HABANERO:
- 1 dojrzałe mango, obrane i pokrojone w kostkę
- 1 papryczka habanero, pozbawiona nasion i posiekana
- 1 łyżka miodu
- Sok z 1 limonki

INSTRUKCJE:
a) W szklance rozgnieć kawałki limonki i liście mięty.
b) Do szklanki dodaj puree z mango habanero i syrop cukrowy.
c) Napełnij szklankę lodem i wlej biały rum.
d) Dopełnij sodą klubową i delikatnie wymieszaj, aby połączyć.
e) Udekoruj gałązką mięty i plasterkiem limonki.
f) Podawaj i ciesz się orzeźwiającym mojito habanero mango!

Puree z mango Habanero:

g) W blenderze połącz pokrojone w kostkę mango, posiekaną papryczkę habanero, miód i sok z limonki.
h) Mieszaj, aż będzie gładka. Dostosuj słodycz lub pikantność do smaku.
i) W razie potrzeby odcedź puree, aby usunąć wszelkie włókniste kawałki.

98.Pikantne Habanero Michelada

SKŁADNIKI:
- Przyprawa Tajin, do obramowania szkła
- lód
- 2 uncje soku pomidorowego
- 1 uncja świeżego soku z limonki
- 1/2 uncji ostrego sosu habanero (dostosuj do smaku)
- 1 kropla sosu Worcestershire
- 1 kropla sosu sojowego
- 1 butelka meksykańskiego piwa typu lager
- Kawałek limonki i plasterek habanero do dekoracji

INSTRUKCJE:
a) Napełnij szklankę przyprawą Tajin, zwilżając brzeg kawałkiem limonki i zanurzając go w przyprawie.
b) Napełnij szklankę lodem.
c) Do szklanki dodaj sok pomidorowy, sok ze świeżej limonki, ostry sos habanero, sos Worcestershire i sos sojowy.
d) Dopełnij meksykańskim piwem lager i delikatnie wymieszaj, aby połączyć.
e) Udekoruj plasterkiem limonki i plasterkiem habanero.
f) Ciesz się pikantnym akcentem klasycznej Michelady!

99.Wódka Czosnkowo-Habanero

SKŁADNIKI:
- 1 papryczka habanero
- 1 główka czosnku, oddzielona i obrana
- Wódka butelkowa o pojemności 750 mililitrów

INSTRUKCJE:
a) Umieść czosnek i papryczkę habanero w słoiku Mason.
b) Napełnij słoik wódką. Zamknij i dobrze wstrząśnij.
c) Strome przez 3 do 5 godzin.
d) Wódkę przecedź przez sitko o drobnych oczkach.

100. Pikantny koktajl z ananasa i rukoli

SKŁADNIKI:

- 4 małe chili habanero
- 4 łyżki miodu
- 1 szczypta mielonej gałki muszkatołowej
- 1 funt liści mniszka lekarskiego
- 1 funt liści rukoli
- 8 uncji soku ananasowego

INSTRUKCJE:

a) W rondlu podgrzej habanero z miodem, gałką muszkatołową i 4 uncjami wody, aż mieszanina stanie się gęsta.
b) Zmieszaj mieszaninę habanero, liście mniszka lekarskiego, rukolę, sok ananasowy i 4 uncje wody, aż uzyskasz gładką masę.
c) Odcedzić i przechowywać w lodówce aż do schłodzenia.
d) Wlać mieszaninę do 4 szklanek i natychmiast podawać.

WNIOSEK

Mam nadzieję, że zbliżamy się do końca naszej podróży wypełnionej habanero i ta książka kucharska zainspirowała Cię do przyjęcia odważnych smaków i porywającego ciepła jednej z najbardziej lubianych papryczek chili na świecie. Od skwierczących przystawek po przepyszne dania główne i pyszne desery – każdy przepis w „NAJLEPSZA KSIĄŻKA KUCHENNA HABANERO" jest świadectwem wszechstronności i żywotności papryczek habanero.

Kontynuując swoje kulinarne przygody pamiętajcie o eksperymentowaniu, odkrywaniu i przede wszystkim dobrej zabawie w kuchni. Niezależnie od tego, czy organizujesz przyjęcie z pikantną kolacją, imponujesz przyjaciołom i rodzinie swoimi nowo odkrytymi umiejętnościami kulinarnymi, czy po prostu delektujesz się aromatycznym posiłkiem, niech ognisty duch habanero zawsze będzie po Twojej stronie, dodając emocji i ciepła każdemu danie, które tworzysz.

Dziękuję, że dołączyłeś do mnie w tej smakowitej podróży. Przed nami wiele pikantnych przygód w kuchni i poza nią. Do następnego razu udanego gotowania i niech Twoje potrawy zawsze będą odważne, aromatyczne i przepełnione nieodpartym ciepłem papryczek habanero!

www.ingramcontent.com/pod-product-compliance
Lightning Source LLC
Chambersburg PA
CBHW070358120526
44590CB00014B/1177